경성대학교 한국한자연구소 학술총서 1

새 이름의 문화사

* 이 저서는 2018년 대한민국 교육부와 한국연구재단의 지원을 받아
수행된 연구임(NRF-2018S1A6A3A02043693).

경성대학교 한국한자연구소 학술총서 ❶

새 이름의 문화사

조정아 지음

역락

머리말

　　이 책은 새 이름, 즉 조류(鳥類) 명칭에 대한 이야기를 담은 것입니다. '문화사(文化史)'라는 거창한 사족이 붙기는 했지만 스스로 평가한다면 '문화사'라 지칭할 만한 내용은 그리 많지 않은 듯합니다. 그저 우리가 별로 주목하지 않았던 '하늘을 나는 새의 이름 이야기' 정도라고 이름 붙여지는 것이 오히려 적당할 것 같습니다. 그럼에도 제목에 '문화사'라는 다소 무거운 꼬리말을 달아 놓은 것은 아무래도 명칭의 어휘사에서 출발하여 문화사까지 쓰고 싶다는 오랜 욕심 때문인 것 같습니다. 오랜 욕심이었지만, 집중할 만한 절대적 시간도 부족했고, 아직은 문화사를 써내려갈 내공도 부족한 탓에 과연 이 책을 출간할 수 있을까 하는 근원적인 고민을 하느라 아쉬운 점이 많습니다. 그러나 아직 많이 부족하더라도 이런 부끄러운 글과 시간들이 쌓여 언젠가 제가 욕심 내는 그 곳까지 데려다 줄 것을 믿기에 첫발을 내딛어 보려 합니다.

인간에게 새는 선망과 동경의 대상이었습니다. 드넓은 하늘을 날아 어디든 자유롭게 갈 수 있는 새를 보면서 인간은 여러 가지 꿈을 꾸었습니다. 때로는 새들이 가진 자유를 부러워하면서 그와는 대조적인 자신의 처지를 한탄하기도 했고, 때로는 인간에게는 허락되지 않은 날개를 시샘하기도 했으며, 새처럼 하늘을 날고 싶다는 꿈을 키우기도 했습니다.

오랫동안 인간의 역사와 함께 해온 새는 우리에게 너무나 친숙한 동물 중 하나이지만, 일정한 물리적 거리를 두고 서로를 바라보는 존재, 관조의 대상이기도 합니다. 이 책은 이러한 새라는 존재를, 그 이름을 통해서 인간이 새라는 대상을 어떻게 인식해 왔는지 살펴보려는 시도입니다.

이 책은 구성상 세 부분으로 나뉘어 있습니다. 세 부분의 제목은 너무나도 유명한 김춘수 시인의 「꽃」이라는 시 구절을 활용하여 붙여보았습니다. 이름과 실체의 관계가, 그리고 새 이름이 가진 문화사적 의미가 '너의 이름은', '너의 이름을 부르다', '내게로 와 새가 되었다'라는 제목만으로도 잘 표현되기 때문입니다.

사전에서 새는 "몸에 깃털이 있고 다리가 둘이며, 하

늘을 자유로이 날 수 있는 짐승을 통틀어 이르는 말."이라고 풀이되어 있습니다. 때로는 '길짐승'에 대하여 '날짐승'이라고 불리기도 하고, '조류(鳥類)'라는 한자어와 이에 대응하는 '새무리'라는 고유어로 불리기도 합니다. 이 책은 이렇게 저마다 달리 불리는 이름의 정확한 의미와 그에 맞는 쓰임새, 문화적 맥락, 다른 언어권과의 차이 등을 알고자 하는 궁금증에서 시작되었고, 그 답을 구하는 과정을 담은 것입니다. 과정이기에 여전히 해결하지 못한 의문이 가득하고, 앞으로도 계속 써내려가야 할 내용이 많습니다. 이 책은 그저 시간에 쫓겨 다음을 위해 잠시 묶어둔 중간 매듭이자 긴 대나무를 이루는 작은 한 마디에 불과한 글입니다. 명쾌한 해답이 아니라 그저 답을 구하는 과정이며 중간 매듭이나 마디에 불과한 글을 사업단의 총서로 출간할 수 있도록 기회를 주신 한자문명연구사업단 하영삼 단장님과 연구진에게 감사의 말씀을 전합니다. 한편으로는 사업단의 총서 중 하나로 출간되는 이 책이 사업단에 누가 되지는 않을까 하는 걱정이 앞섭니다. 그러나 동일한 한자문화권에 속하는 한국, 중국, 일본, 베트남의 새 이름은 상당수가 한자를 기반으로 명명된 것입니다. 이 책을 통해 한·중·

일·베 새 이름을 비교하면서 공통성과 차이점을 생각해볼 수 있고, 사회·문화적 배경과 새 이름의 변화 과정을 통해 언어의 생태를 관찰할 수 있을 것입니다. 더 나아가 한자문화로 대표되는 동아시아 문명과 서구문명의 새 이름 명명 방식이나 문화적 의의까지 서로 견주어 볼 수 있기를 기대합니다.

인문한국플러스사업단에서 일하면서 경험하게 된 낯선 환경과 새로운 일들이 신선한 자극이 되기도 했지만, 변화에 익숙하지 않은 제게는 그리 녹녹치 않은 시간이었습니다. 함께 부대끼며 저를 버티게 해준 사업단 선생님들께 이 자리를 빌려 감사의 말씀드립니다.

2021년 1월

조 정 아

‖ 차례 ‖

제 1 부

너의 이름은

1. 이름의 종류와 의미

1.1. 이름은 왜 이렇게 많을까?

우리는 수많은 이름들 속에서 살아간다. 이름이라고 하면 내 이름, 가족이나 친구의 이름 등이 먼저 떠오르지만, 우리를 둘러싸고 있는 자연과 주위의 사물들에도 대부분 이름이 있다.

이름은 어떤 사물을 다른 것들과 구분 짓는 역할을 하기 때문에 비슷한 부류끼리 가지는 유사성과 자신만의 차별성을 함께 가지고 있다. 어떤 사물의 이름이 있다는 것은 해당 사물을 다른 사물과 구별 짓고 있다는 의미이다. 그래서 어떤 언어에서는 어떤 사물의 이름이 여러 개의 명칭으로 분화되어 있지만, 다른 언어에서는 아예 이름 자체가 없는 경우도 있다.

　　어휘는 언중의 필요에 따라 분화하기 때문에 해당 언어 화자들이 관심을 가지는 대상에는 이름이 붙여지지만, 매일 보는 대상이라 하더라도 관심이 없는 대상, 특별히 지칭할 필요가 없는 대상에게는 이름조차 붙여지지 않는다. 마치 하나의 몸짓에 지나지 않았던 사물이 내가 '꽃'이라고 이름을 불러줄 때 비로소 '꽃'으로 존재한다는 것처럼 말이다. 또 개인이 필요에 의해 명명했다고 하더라도 공공의 이름으로 인정받기 위해서는 사회적 약속이 이루어져야 하며, 이러한 사회적 합의가 이루어진 이후에 비로소 지속되는 공식적인 이름이 될 수 있다.

　　동일한 동물이나 식물을 가리키는 이름이라 할지라도 이름은 하나가 아니라 여러 개로 불린다. 동물이나 식물의 이름이 상태나 용도, 사용자 등에 따라 달리 쓰이는 경우가 대부분이지만, 때로는 특별한 차이 없이 같이 쓰이기도 한다. 또 학명, 보통명, 이명, 속명, 별명 등 여러 가지 명칭으로 불린다.

　　학명(學名, scientific name)은 18세기 스웨덴의 생물학자 린네(Linnaeus)가 두 개의 이름을 나란히 배열하는 이명법(二

名法)을 고안하면서 시작되었다. 여기서 두 개의 이름이라는 것은 속(屬, genus)과 종(種, species)의 이름을 말한다. 즉 학명이란 속명 (屬名, genus name)과 종소명(種小名, species name)을 순서대로 나란히 배열한 것으로, 보통 라틴어나 라틴어식 이름으로 정해진다. 속명과 종소명의 관계는 마치 사람 이름 중 성과 이름에 해당하는 것과 비슷하다.

학명이 전세계 표준이 되는 공인된 이름이라면, 공인된 학명 이외의 다른 학명은 이명(異名, synonym)이라고 한다. 서로 다른 견해나 새로운 연구에 따라 생물은 분류체계가 끊임없이 갱신되기 때문에 한 생물에 대해 두 개 이상의 다른 분류명이 제안될 수 있다. 신뢰 수준이 가장 높은 학명을 제외하고 다른 이름은 이명이거나 검토 중인 학명이 된다. 보통명(普通名, common name)은 복잡한 학명을 간단하게 만든 약칭 또는 보편적으로 쓰이는 이름을 말한다. 보통명은 사람들의 언어가 다르므로 나라마다 또는 지역마다 다를 수밖에 없다. 별명(別名)은 특정 지역에서나 특정 상황에서 부르는 특별한 이름을 말한다.

사람이 엄마 뱃속에 있을 때는 태명과 같은 애칭으로

불리다가 이 세상에 태어나면 마침내 공식적인 이름이 지어진다. 그리고 성장하면서 별명이나 직함 등 달리 불리는 이름이 생겨서 한 사람을 부르는 여러 이름이 생겨난다. 그러나 반대로 동물이나 식물은 지역이나 시대, 용도, 상황 등에 따라 여러 이름으로 제각각 불리다가 뒤늦게 사람의 필요에 의해 체계적인 분류를 위한 공식적인 이름이 생긴다.

1.2. 이름과 실재의 관계

어떠한 사물을 지칭하는 이름은 해당 사물에 대한 사람들의 오랜 인식이나 감정을 담고 있는 경우가 많다. 물론 반대의 견해도 있다. 즉 이름이 실재를 반영하지 못한다고 주장하는 사람도 있다. 이름, 즉 명칭과 실재의 관계라는 주제는 동서양을 막론하고 오랜 논쟁거리였다.

중국에서는 선진(先秦)시기부터 정명론(正名論)과 비명론(非名論)이 등장했다. 정명(正名)이란 이름을 바로 잡는다는 뜻으로 기원전 6세기 공자(孔子)가 처음 제시한 용어이다.

名不正則言不順, 言不順則行不通. -論語·子路-

이름이 바르지 아니하면 말이 순하지 아니하고,

말이 순하지 아니하면 일을 이룸이 없다.

-논어 자로편-

여기서 명(名)은 이름, 명칭, 명분 등 여러 가지 뜻을 포함한 말이다. 이러한 명(名)을 바로잡는다는 것은 올바른 사고와 논리를 세운다는 뜻이다. 공자는 만약 나라의 정치를 맡게 된다면 무엇부터 하겠냐는 제자의 질문에 반드시 명칭을 바로잡는 일부터 하겠다(必也正名于)고 대답했을 정도로 정명을 중요시했다. 이렇게 올바른 명칭과 논리, 명분에 맞는 적합한 행동을 강조하는 통치 사상은 이후 순자(荀子)의 정명편(正名篇)으로 이어져 발전한다.

순자의 정명편에서는 명칭이 만들어지는 이유, 원리 및 방법, 의의 등에 대해 잘 설명하고 있다. 오관(五官, 다섯 가지 감각 기관. 눈, 귀, 코, 혀, 피부.)이 물건의 여러 종류를 주관해 정리한 후 마

음이 인지해서 말하는 것이 바로 사물이 같고 다른 것을 알게 되
는 문제이고, 이에 따라 명명을 하게 된다고 하였다. 같은 것이면
같은 명칭, 다른 것이면 다른 명칭을 붙이며, 하나만으로 알 수 있
는 것에는 고유명사를 부여하고, 하나만으로 알 수 없는 것에는
복합명사를 부여한다. 고유명사와 복합명사로도 서로 상충될 경
우에는 공동의 유명(類名)을 부여한다고 하였다. 그래서 실체가 다
른 것은 다른 명칭이 부여되는 것이고, 명칭은 여러 가지 실물의
본질을 요약하는 것(名也者, 所以期累實也.)이라고 하였다.

　　이렇게 유명을 언급하면서 새와 짐승을 예로 들고 있는
데, 순자의 정명편 해당 부분의 원문과 번역문을 가져와 살펴보자.

　　그러므로 만물이 비록 많이 있더라도 어떤 때는 이것
들을 모두 한꺼번에 호칭하고자 할 때가 있다. 그래서 물
(物)이라 부르게 된 것인데, 물이란 것은 최대의 공동의 유
명(類名)이다. 이처럼 여러 가지를 헤아려 공동의 유명을 만
드는데, 공동 유명을 모아 다시 공동의 유명을 만들어 더
이상 공동의 것이 없는 최대의 경지에 이르러서야 끝난다.

또 어떤 때는 구별을 해서 그것들을 호칭하고자 한다. 그러므로 새와 짐승을 구별해서 부르게 되는데, 새와 짐승이란 것은 크게 구별한 명칭이다. 이처럼 여러 가지를 헤아려 구별하는 명칭을 만드는데 구별한 명칭을 다시 구별해 명칭을 붙여 더 이상 구별하는 명칭을 만들 수 없는 최소의 경지에 이르러서야 끝난다. (故萬物雖衆, 有時而欲無擧之, 故謂之物; 物也者, 大共名也. 推而共之, 共則有共, 至於無共然後止. 有時而欲徧擧之, 故謂之鳥獸. 鳥獸也者, 大別名也. 推而別之, 別則有別, 至於無別然後止. -荀子·正名-)

여러 사물을 모아 유명을 만들어 최대의 경지에 이른 공동의 유명이 물이라고 하고, 여러 가지를 헤아려 구별한 명칭이 조수(鳥獸)라고 하였다. 새와 짐승을 가리키는 조수는 크게 구별한 명칭이고, 구별하여 명칭을 부여하는 방식을 되풀이하여 더 이상 명칭을 만들 수 없는 최소의 경지에 이르러서야 명명이 끝난다고 하였다.

또 명명이 원래부터 고정된 것이 아니라 사회적 약속

에 의해 정해지는 것이며, 간단하고 알기 쉬운 것이 좋은 이름이
라고 하였다.

 명칭에는 고정된 합당함이란 없으며, 그러한 약속으로
명명을 하게 되는 것이다. 약속에 의해 정해지면 그것이 습
속을 이루어 그것을 합당한 것이라 말한다. 약속한 것과 다
르면 곧 그것을 합당하지 않은 것이라 한다. 명칭에는 고정
된 실상이란 없으며, 그러한 약속으로 명명을 하게 되는 것
이다. 약속에 의해 정해지면 그것이 습속을 이루어 그것을
명칭의 실상이라 말한다. 명칭에는 본디 좋은 것들이 있는
데, 간단하고 알기 쉬우면 그것을 좋은 명칭이라 한다.(名無
固宜,約之以命,約定俗成謂之宜,異於約則謂之不宜,名無固實,約之以命
實,約定俗成,謂之實名.名有固善,徑易而不拂,謂之善名. -荀子·正名-)

 정명론과 반대되는 주장은 명칭이 실재를 반영하지
않는다는 비명론(非名論)이다. 노자(老子)와 장자(莊子)를 비롯한 도
가(道家) 사상가들이 주장한 비명론은 사물의 이름이나 개념이 사

물의 유한한 상태와만 관련이 있기 때문에 이에 집착하면 오히려 분란이 생겨서 자연에 도달할 수 없다고 하였다. 또 언어를 통해서 진정한 실재를 제대로 전달할 수 없다고 보는 입장으로, 언어에 대해 강한 불신을 바탕으로 사물에 대해 명명도 하지 말자고 주장하였다.

道可道, 非常道, 名可名, 非常名. - 老子·道德經

夫大道不稱, 大辯不言. - 莊子·齊物論

노자는 도(道)라고 할 수 있는 것은 상도(常道)가 아니고, 명(名)이라고 가히 할 수 있는 것은 상명(常名)이 아니다. 즉 말로 표현할 수 있는 도와 이름은 진정한 의미의 도와 이름이 아니라고 주장한다. 장자는 무릇 큰 도(道)는 이름을 붙일 수 없고, 큰 변(辯)은 말하지 않는다고 해서 도(道)가 언어로 표현될 수 없음을 강조한다.

서구에서도 명칭과 실물 사이의 관계에 대해서는 기원전 4세기 플라톤 시기부터 논쟁이 있었다. 플라톤은 『대화편·

크라튈로스(Kratylos)』에서 에서 이름의 올바름에 대해 논하면서
사실주의라고 할 수 있는 자연주의를 지지하는 크라튈로스는 이
름의 올바름이 자연적으로 있으며 사물의 본질에 의해 결정되었
고, 이름을 아는 사람은 사물도 아는 것이라고 주장했다. 이와 반
대로 유명론(nominalism)이라고 할 수 있는 규약주의를 지지했던
헤르모게네스는 이름이 자연적으로 있는 것이 아니라 최초에 이
름을 붙이는 사람이 무슨 이름을 붙이던 그것은 올바른 이름이고,
후대 사람들은 관습과 규칙에 따라 이름을 사용한다고 하였다.*

　　　19세기 언어학자 소쉬르는 언어를 기호로 파악하고,
기호는 명칭과 실재를 연계하는 것이 아니고 음성 존재와 개념을
연계하는 추상적인 존재로 보고 있다. 이를 기표(記表, signifier)와
기의(記意, signified)로 나누었고, 기표와 기의 사이에는 어떠한 관
계도 존재하지 않는다고 하였다.

---

*　유동청, 『한·중 동물명 비교연구』, 경희대학교 박사학위
　논문, 2010.

2. 새 이름과 분류체계

분류(分類)는 구분한다는 뜻의 '分'과 비슷한 것을 뜻
하는 '類'라는 한자 그대로 어떤 대상을 유사성을 기준으로 모아
서 다른 것들과 구분하는 것을 말한다. 영어에서도 'classification'
이 비슷한 것들(class)을 모아서 그것들 사이에 서열을 부여하는
활동을 뜻한다. 결국 한자어 分類와 영어 'classification'은 사물을
나누어 질서를 부여하고, 그렇게 나눈 것을 앎의 차원으로 끌어들
이는 인식의 기본 절차라는 점에서 비슷하다.*

---

* 김상환·박영선 엮음, 『사물의 분류와 지식의 탄생-동서 사
유의 교차와 수렴』, 고등과학원 초학제연구총서 1, 2014,
223~224쪽
상기 책에서는 分類라는 한자어와 classification이라는
영어의 공통점만 언급한 것은 아니다. 오히려 서양과 동아
시아 분류 사유와 방법의 차이에 더 초점을 두고 있다. 영

동양에서도 전통적으로 만물을 기준에 따라 분류하여
만물의 존재를 인식해왔다. 중국 선진(先秦) 시대 분류어휘집인 이

어의 classification은 위계적으로 서열화한 구조안에 넣
어서 이해하는 방식으로 대상을 기준에 따라 골라내고 그
안에 포함시키는 집합개념이지만, 한자의 分類는 위계적
인 서열이라기보다는 같음과 다름의 차이로 대상을 인식
하고 규정하려는 행위에 가깝다고 보았다. 또 동양의 분류
는 자연 자체에 내재된 질서에 따라 분류하는 것이 아니라
인간이 세상을 단순화해서 만든 질서에 따라 분류한 것이
라고 보았다. 따라서 서양의 과학적 분류는 불변의 동일성
을 전제하는 존재론적 '본질주의적' 분류라고 할 수 있고,
동아시아의 자연철학적 분류 범주는 관계론적, '과정론적
(변화론적)' 분류라고 부를 수 있다고 하였다. 그러나 동서양
분류에 대한 인식에 있어서 차이가 있다는 점은 물론 인정
되지만, 그 차이가 어느 정도로 유의미한가 하는 문제에 대
해서는 의문이 있다. 일정 부분 차이가 있다고 하더라도 어
떠한 기준에 따라 나누고자 했다는 점과 유사성 및 차이점
에 기반했다는 점에서는 큰 차이가 없으므로 굳이 여기서
는 그 차이점에 주목할 필요가 없다고 생각해서 각주에서
만 언급한다.

아(爾雅)는 동물을 '蟲, 魚, 鳥, 獸, 畜'의 다섯 가지로 분류하고, 어휘항목마다 별명도 많이 수록하였다. 진한(秦漢) 시대에는 오충(五蟲)의 동물분류법이 성립되었다. 오충설(五蟲說)은 『여씨춘추(呂氏春秋)』에서 계절과 방위에 상응하는 동물 상징체계로 등장한 것이다. 동방목(東方木)의 봄철은 인충(鱗蟲), 남방화(南方火)의 여름은 우충(羽蟲), 중앙토(中央土)의 계하는 나충(裸蟲), 서방금(西方金)의 가을은 모충(毛蟲), 북방수(北方水)의 겨울은 개충(介蟲)으로 대응시켰다.*

　　　송나라 때 어휘집 『비아(埤雅)』에서는 동물을 '釋魚, 釋獸, 釋鳥, 釋虫, 石馬' 등이 있다. 이시진의 『본초강목(本草綱目)』에서는 동물을 虫部, 鱗部, 介部, 禽部, 獸部, 人部로 나누었다. 새에 해당하는 '금(禽)'에 대해 아래와 같이 "두 개의 다리에 날개를 가지고 있는 것(二足而羽)"으로 정의하고 있다.

---

* 김일권, 「19세기 초 『물명고』의 분류명 성격과 분류체계 연구」, 한국학중앙연구원 '유희의 물명고 연구와 색인 편찬 연구' 연구결과발표회 발표문, 2020, 16쪽.

二足而羽曰禽, 師曠禽經云, 羽蟲三百六十, 毛協四時, 色合五方. 山禽巖棲, 原鳥地處. 林鳥朝嘲, 水鳥夜哛. 山禽咮短而尾修, 水禽咮長而尾促. 其交也, 或以尾膠, 或以睛眂, 或以聲音, 或合異類. …… 記曰 天産作陽. 羽類則陽中之陽, 大抵多養陽. 於是集其可供庖藥及毒惡當知者, 爲禽部, 凡七十七種. 分爲四類：曰水, 曰原, 曰林, 曰山. -『本草綱目』卷47

두 개의 다리에 날개를 가지고 있는 것을 금(禽)이라 한다. 사광(師曠)의 『금경(禽經)』에서는 "조류는 360가지로, 사시사철 털이 달려 있고, 오방(五方)을 합친 색이다. 산에 사는 새는 바위에 깃들고, 들에 사는 새는 땅에서 산다. 숲에 사는 새는 아침에 울고, 물에 사는 새는 밤에 운다. 산새는 부리가 짧고 꼬리가 길며, 물새는 부리가 길고 꼬리가 짧다. 교미를 할 때는 꼬리로 하거나, 눈짓으로 하거나, 소리로 하거나, 다른 종류와 합치기도 한다." ……『예기(禮記)』에서는 "하늘이 내어 양을 만들었다."라고 하였다. 날개가 달린 부류는 양 가운데서도 양을 띠고 있어서 대체로 대부분 양을 기른다. 이에 음식을 만들거나, 약을 만들거나, 독

이 있거나, 나쁜 것 가운데 알아야 할 것들을 모아서 금부

(禽部)로 삼았으니, 모두 77종이다. 이것을 물에 사는 것, 들

에 사는 것, 숲에 사는 것, 산에 사는 것 네 종류로 나누었

다. - 『본초강목』47권*

『본초강목』**에서는 77종의 새를 금부(禽部)로 삼았으

---

* 이 책에서『본초강목(本草綱目)』원문과 번역문은 기본적으
  로 한의학고전데이터베이스에서 제공하는 것을 활용하였
  으며, 필요에 따라 필자가 약간 수정한 부분도 있음을 밝
  혀둔다.

** 『본초강목(本草綱目)』은 16세기 이전에 쓰인 중국의 전
  통 약물에 관한 백과사전식 책이다. 중국 명(明)나라 시대
  (1368~1644)의 본초학자 이시진(李時珍, 1518~1593)이 무려
  27년에 걸쳐 완성한 책이다. 이 책은 중국 의학(醫學)의
  역사상 가장 방대하고 완성도가 높은 전문서적으로서,
  약용 성분이 있다고 생각되는 모든 식물·동물·광물 및
  기타 물질의 목록을 작성하고 분석하고 설명하였다. 『본
  초강목』의 가치는 단순히 약물학 분야에만 머물지 않고
  식물학·동물학·광물학·물리학·천체학·화학·야금학·지

며, 수금(水禽), 원금(原禽), 임금(林禽), 산금(山禽)의 네 부분으로 분
류하였다. 이러한 분류는 새의 주 서식지를 기준으로 삼은 것이
다. 『금경(禽經)』의 설명을 참고하자면, 서식지를 기준으로 삼았지
만 서식지는 결국 새의 습성(習性)과 연결된다고 할 수 있다.

　　1798년 이만영(李晩榮)이 편찬한 『재물보(才物譜)』에서
도 새 이름에 대해 아래와 같이 정의하고, '鳳凰'부터 '鷄鶋'까지
새 이름만 89개의 표제어를 수록하고 있다.

　　　　　羽蟲譜　羽蟲[凡飛鳥謂之羽蟲]　禽[二足而羽曰禽.]　鳥[羽禽摠
　　　　名.]　飛肉[禽鳥謂之飛肉.(太玄)]

　　　　　　　　　　　　　　　　　　　　　　-『才物譜』卷七

　　『재물보(才物譜)』서는 새를 '우충(羽蟲)'이라고 분류했
는데, 나는 새를 '우충(羽蟲)'이라고 하고, 다리가 둘이고 날개가 있

질학·기상학 등과 같은 다양한 주제에 관한 논의도 포괄
하고 있다는 점에서 더 높이 평가된다.

는 것을 '금(禽)'이라고 하였다. 또 우금(羽禽), 즉 날개가 있는 날짐 승의 총칭을 '조(鳥)'라고 하였다.

　　　『재물보』를 증보한『광재물보(廣才物譜)』에서는 금부 (禽部)를 두고, 그 아래에 산금류(山禽類), 수금류(水禽類), 원금류(原 禽類), 임금류(林禽類)로 하위분류하여 산금류 아래에 '봉황' 등의 새 이름이 나오는 분류 체계를 가지고 있다. 얼핏 보면『본초강 목』의 분류 명칭을 따르는 방식으로 전환한 것으로 보이기도 하 지만, 각 새 이름의 배열순서는『재물보』를 따르고 있어서 절충적 방식을 취한 것으로 보인다.

　　　본래 중국의『본초강목』은 본초서(本草書)이고, 우리나 라의『재물보』는 분류어휘집에 가까운 책이기 때문에 책의 성격 이 약간 다르다. 그러나 한글이 창제되기 이전 동아시아 공통 문 어인 한자와 한문으로 문자생활이 이루어졌으며, 당시 최신 지식 의 수입 및 유통은 중국을 통할 수 밖에 없었다. 따라서『본초강 목』이라는 본초학을 집대성한 책이 동아시아 전체에 미치는 파급 력이나 영향력은 지대하다고 할 수 있다.

　　　따라서『본초강목』의 분류 체계나 명칭 등이 우리나

라 분류어휘집에 상당히 많은 영향을 끼쳤으며, 분류 체계명이나
동물의 명칭 등의 종류나 유래에 대해서도 충실히 검토하고 있어
서 우리나라 한자어 명칭 연구에 아주 훌륭한 참고문헌이 될 수
있다.

3. 이름의 어휘사에서 문화사로

어휘사는 어휘의 역사를 말한다. 즉, 한 어휘의 생성과 변화, 소멸이 언제 어떻게 일어났는지 확인하고, 그 원인이 무엇인지 설명하는 것이 어휘사이다. 이에 비해 문화사는 인간 내면의 정신 생활에 대한 역사를 말한다. 즉 학문이나 사상, 예술 등의 정신 문화의 역사를 가리키는 것으로, 넓은 뜻으로는 정치, 경제, 제도, 풍속, 과학, 예술 등 모든 인간 생활의 영역을 종합적으로 서술한 역사를 뜻하기도 한다. 즉 문화사는 어휘사와는 비교할 수 없을 정도로 광범위한 의미 영역을 포괄하고 있다.

그런데 오늘날 출판물에서는 흔히 사용되는 문화사라는 용어는 어떻게 보면 좀 더 다양화되고 세분화된 느낌이다. 아래는 최근 제목에 '문화사'라는 말을 넣어 출간된 책들의 제목을 가져온 것이다.

와인의 문화사, 빨강의 문화사, 매너의 문화사, 선물의 문화사, 전염병의 문화사, 아침식사의 문화사, 시간과 공간의 문화사, 오타쿠 문화사, 돌의 문화사, 소리의 문화사, 숫자의 문화사, 명동 길거리 문화사, 중세의 길거리의 문화사, 온천의 문화사, 아파트의 문화사, 백화점 문화사, 부엌의 문화사, 하늘의 문화사, 스포츠 문화사, 축구의 문화사, 뷰티&화장 문화사, 분노의 문화사, 자살의 문화사, 밤의 문화사, 도둑의 문화사, 전쟁의 문화사, 피의 문화사, 축제의 문화사, 결혼의 문화사, 가금 문화사, 고양이 문화사, 담바고 문화사, 흡연의 문화사, 동아시아 술 문화사, 소금의 문화사, 반지의 문화사, 안경의 문화사

최근 출간된 책 제목 중에 '문화사'가 들어간 책을 언뜻 보이는 것만 가져와도 이렇게나 많다. '문화사'라는 제목 앞에 들어가 있는 것들을 살펴보면, 확실히 예전부터 문화사라는 용어 하에 출판되어 오던 다소 무거운 느낌의 역사철학이나 문화 사상서와 같은 주제는 별로 많지 않다. 와인이나 담배, 소금, 아침식사

부터 반지, 안경과 같은 물건, 고양이나 가축과 같은 동물, 아파트나 백화점, 길거리에 이르기까지 다양한 주제에 대한 문화사가 적혀지고 있다.

위 책들에서 문화사라고 명명한 것은 해당 주제를 인간의 정신 문화 및 물질문화 전반과의 관련성에 관심을 두고 다루고자 했기 때문일 것이다. 가령, 단순히 와인이 언제 처음 생겨났고, 어떤 다양한 변화를 거쳐 오늘날에 이르게 되었는지 와인 자체의 발달과 역사에 주목했다면 그저 와인의 역사라는 제목으로도 충분했을 것이다. 그러나 와인의 문화사라고 제목을 붙인 것에는 위 와인의 역사는 당연히 포함하면서, 와인이 인간의 정신적인 문화 활동과 인간이 이룩한 물질문화에 어떠한 영향을 미쳤는지, 또 시대적 변화 속에서의 와인과 인간의 영향관계는 어떠했는지 등 와인과 함께 한 역사 속에 숨은 문화적 맥락 등에 관심을 두었기 때문에 와인의 문화사라고 명명했을 것이다.

이 책에서도 우선, 국어사적 관점에서 새 이름의 어휘사를 검토하는 것은 물론이고, 이 새 이름을 인간이 어떻게 인식했고, 그 인식을 바탕으로 인간이 어떤 사유를 거쳐 실제 어떤 정신적인 문화 활동과 물질문화를 창조해냈는지 살펴보려고 한다. 그리고 새 이름을 통해 그 이름에 투영된 새에 대한 인식이 인간의 예술이나 문학, 정치, 경제, 풍속, 과학 등의 분야에 어떻게 나타나는지 간략하게나마 보여줄 수 있도록 시도하였다.

다만, 서문에도 언급했고, 새 이름에 한정해서 간략하게 보여준다는 핑계도 덧붙였지만, 사실 인간이 이룩한 문화 전반에서 새에 대한 인식을 찾아내고자 하는 것은 어쩌면 헛된 욕심에 더 가까울지 모른다. 더구나 필자는 한국어 어휘사 전공자일 뿐 전공이 아닌 다른 분야의 지식은 얕막하기 그지없다. 물론 최대한 근거를 찾아서 검증하려고 노력했지만, 문화사 영역이라는 것이 단시간에 손댈 수 없는 부분임을 절감한다. 그래서 어휘사 이외에 이 책에서 인용하고 해석한 그림이나 신화, 설화, 소설, 시 등은 어쩌면 특정 분야의 덕후 수준에도 못 미치는 대중 교양일 수도 있다. 그러나 필자 역시 지극히 평범하기에 조금 더 보편적이고 쉬운 이야기를 할 수 있지 않을까 하는 생각과 비전공자의 교양이든 개인적인 취향이든 결국 다루는 것들이 문화를 이루는 한 부분일 것이라는 변명으로 스스로 위안을 삼는다.

　　　이 책에서 인용한 문화적인 부분들이 잡다하다고 여기기보다 다양하다고 받아들여 주기를 기대한다. 여러 문화 요소를 다루었다고 하지만 대체로 그림이나 문학 작품과 같이 지면에 담을 수 있는 것들을 대상으로 삼을 수밖에 없었다. 그러다 보니 음악과 같이 지면에서 다루기 곤란한 장르는 크게 다루지 못한 아쉬움이 있다. 그리고 학술적인 내용을 담고 있지만 어렵게 느끼지 않고 에세이처럼 술술 읽히기를 의도했기 때문에 곳곳에 개인적인 감상이 묻어나는 점도 불편하게 느끼지 않기를 바란다.

　　　마지막으로 이 책 제목은 새 이름의 문화사이지만, 그래도 이 책의 주인공은 어휘사이다. 어휘사가 어쩌면 유일하게 전문적인 내용일 수도 있지만, 가장 빛나야 할 부분도, 아름다운 꽃이 되어야 하는 부분도 새 이름의 어휘사임을 다시 한번 강조하며 이야기를 시작한다.

제 2 부

너의 이름을 부르다

1. 백조(白鳥)와 고니

표준국어대사전 '백조'사진자료

백조(白鳥)는 오릿과의 물새 중 하나를 지칭하는 새 이름이다. 차이코프스키 음악이나 발레에 관심이 없는 사람도 '백조의 호수'라는 작품 이름은 한번쯤 들어봤을 것이다. 어린 시절, 마법에 걸려 백조로 변해버린 '백조 왕자' 이야기, 미운 오리 새끼가 마침내 백조로 변하는 이야기가 담긴 동화책을 읽으며 성장한 덕에 우리에게 백조라는 새는 직접 본 적은 없다 할지라도 아주 익숙한 새 이름이다.

백조는 날개 길이가 60㎝에 이를 정도로 몸이 크고, '백조(白鳥)'라는 이름처럼 온몸은 순백색이다. 몸이 흰 새는 백로, 왜가리, 흰기러기 등도 있으나 다른 새들과 비교할 때, 백조는 눈의 앞쪽에 노란 피부가 드러나 있고 다리는 검다는 특징이 있다. 주로 물속의 풀이나 곤충 등을 먹으며 무리 지어 사는데, 아시아, 유럽 북부, 북아메리카 등지에서 번식한다. 우리나라에는 가을에 날아와서 겨울을 보내는 겨울 철새로, 천연기념물로 지정되어 보호받고 있다.

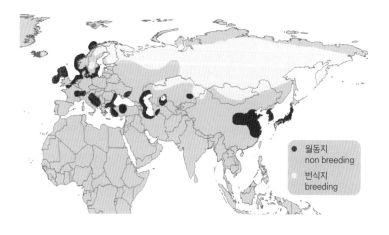

큰고니의 번식지와 월동지

'백조'라는 명칭에 대해 국어사전에서 설명하고 있는 정의나 사람들이 일반적으로 가지고 있는 개념에도 불구하고, 생물학적 분류 체계상으로 '백조'라는 새는 존재하지 않는다. 조류 이름으로 '백조'를 국가생물종지식정보시스템(http://www.nature.go.kr)에서 검색해보아도 찾을 수 없다.

우리가 '백조'라고 익히 알고 있는 새는 생물학적으로 기러기목 오릿과 고니속으로 분류되며, 공식적인 생물학적 명칭은 순우리말 '고니'이다. 고니는 고니, 큰고니, 울음고니, 혹고니, 검은목고니, 흑고니 총 여섯 가지 종류가 있는데, '고니'와 '큰고니'는 크기 차이로 구분된다. '울음고니'는 긴 목에서 나는 깊은 소리 때문에 붙여진 이름인데, 영어에서는 '트럼펫 고니(trumpet swan)'라고 불린다. '혹고니'는 부리에 혹이 있다는 특징에 의해, 검은목고니는 목이 검은색이라는 특징에 의해 명명되었다.

이 중에 우리나라를 찾는 고니는 큰고니가 제일 많고, 그 다음이 고니라고 한다. 이름에서도 알 수 있듯이 고니와 큰고니는 생김새는 비슷하지만, 크기가 다르다.

고니 Cygnus columbianus (Ord, 1815)

큰고니 Cygnus cygnus (Linnaeus, 1758)

고니의 학명은 Cygnus columbianus이다. 학명을 이
루고 있는 'Cygnus'는 속의 이름에 해당하는 것으로 "백조"를 의
미하는 그리스어 'kyknos'에서 유래되었고, 'columbianus'는 종의
이름에 해당하며, "북미의, 북미로부터"를 의미하는 라틴어이다.

국어사전에도 '고니'가 대표 표제어로 등재되어 있고,
'고니'의 유의어로 '백조(白鳥)'가 제시되어 있다. '고니'의 유의어
로는 '백조(白鳥)' 뿐 아니라 '백곡(白鵠), 천아(天鵝), 천아아(天鵝兒),
황곡(黃鵠)' 등의 여러 한자어들도 수록되어 있다. 일반인에게 '고
니'와 '백조'를 제외한 다른 한자어 명칭은 꽤나 낯선 이름일 것이
다. '백곡(白鵠), 천아(天鵝), 천아아(天鵝兒), 황곡(黃鵠)'과 같은 한자
어 이름들은 대체로 현대국어에서보다 전통시대 문헌 자료들에
기록된 어휘이기 때문이다.

'백곡'과 '황곡'의 '곡(鵠)'은 '고니 곡'이라는 한자이다.

한자 '鵠'은 소리를 나타내는 '告'와 의미를 나타내는 '鳥'가 합해진 글자로 "고니"를 뜻하고, "흰색"을 상징한다. 또 '정곡을 찌르다'에서 '정곡(正鵠)'이라는 어휘에서처럼 '鵠'은 "과녁"이라는 의미도 가진다. 이렇게 '鵠'이 "과녁"이라는 의미를 가지는 것은 중국어나 일본어에서도 마찬가지다.

　　　　과녁의 한가운데를 일컫는 '정곡(正鵠)'은 활쏘기에서 유래한 것이다. 활쏘기의 표적이 되는 과녁 전체를 적(的)이라 하고 정사각형의 과녁 바탕을 후(候)라고 한다. 그 과녁 바탕을 천으로 만든 경우 포후(布候)라고 하고, 가죽으로 만든 경우 피후(皮候)라 한다. 동그라미가 여러 개 그려진 과녁의 한가운데 그려진 검은 점을 포후에서는 정(正)이라 하고, 피후에서는 곡(鵠)이라 한다. 그러므로 '정곡'이라는 것은 과녁의 한가운데라는 뜻이 된다. 본래 정(正)은 민첩한 솔개의 이름이고, 곡(鵠)은 고니를 가리키는 말인데, 솔개나 고니 둘 다 높이 날고 민첩하기 때문에 활을 쏘아 맞히기 힘들었다고 한다. 그래서 과녁 중에서도 가장 맞히기 힘든 부분인 정가운데를 맞혔을 때 '정곡을 맞혔다'고 한 것이며, 오늘날에도 "어떤 문제의 핵심을 지적했다"는 뜻으로 쓴다.

본초강목-사고전서본

본초강목-대만본

삼재도회

왜한삼재도회

중국의 대표적인 본초서(本草書)이자 동아시아 전 지역에 영향을 미친 『본초강목(本草綱目)』에서는 『식물(食物)』이라는 책을 전거(典據)로 제시하면서 '鵠'을 표제어로 삼고, '天鵝'을 동의어로 제시하였다. 또 사광(師曠)의 『금경(禽經)』에서 '곡명호호(鵠鳴嗃嗃)'라고 하였으므로 이는 '鵠(고니)'을 이르며, '鵠'이 우는 소리에서 유래되었다고 하였다. 그리고 오(吳)나라 승려인 찬녕(贊寧)이 '사물 가운데 큰 것은 모두 천(天)이라는 이름이 있다. 천이란 크다는 뜻이다.'라고 하였다는 것을 근거로, 천아(天鵝)라는 이름에 "몸집이 크다"는 의미가 내포되어 있다고도 언급하였다.

한편 유희의 『물명고(物名考)』에서는 "鵠은 기러기보다 큰데, 깃털이 희고 윤이 나며, 높이 날아오르고 잘 걸으며, 고기는 맛이 있으니 우리말로는 '고니'이다. '천아(天鵝)', '야아(野鵝)'. '육루(鵱鷜)'라고도 하며, 범어(梵語)로는 '兀地孥'이다."라고 하여 고니의 특징을 설명하고, 유의어들을 제시하였다.

'白鳥'나 '天鵝'는 모두 12세기 초 문헌에서 최초의 용례가 발견된다. 『삼국사기(三國史記)』「신라본기(新羅本紀)」에 '白鳥'라는 기록이 발견되고, 『고려도경(高麗圖經)』에는 '天鵝'가 나타난다. 『조선왕조실록(朝鮮王朝實錄)』에도 태종6년(1397) '天鵝'를 천신(薦新: 철 따라 새로 난 과실이나 농산물을 먼저 신위(神位)에 올리는 일)했다는 기록이 나오고, 세종11년(1429)에는 시경(詩經) 구절을 인용하면서 '白鳥'가 쓰이기도 하였다.

　　문헌 기록으로 볼 때 고려시대부터 조선시대에 이르기까지 '白鳥'나 '天鵝', 두 한자어가 모두 나타나지만, '白鳥'는 정확히 '天鵝'와 동일한 것을 지칭하는 경우보다 아래 한시에서처럼 백로나 해오라기, 황새, 두루미, 갈매기 등 색깔이 흰 새들의 통칭으로 사용된 경우가 더 많다.

東湖春水碧於藍　동호의 봄 물결은 쪽빛보다 푸르러

白鳥分明見兩三　또렷하게 보이는 건 두세 마리 해오라기

柔櫓一聲飛去盡　노를 젓는 소리에 새들은 날아가고

夕陽山色滿空潭　노을 아래 산빛만이 강물 아래 가득하다

　　위 시는 조선 정조 때 노비 시인 정초부(鄭樵夫, 1714~1789)가 지은 '동호범주(東湖泛舟)'라는 시이다. 봄날 호수의 풍경을 읊

김홍도의 도강도
서울대박물관 소장

송수관필화첩(松水館筆畵帖) 중 도강도
국립중앙박물관 소장

은 이 시에서 '白鳥'는 현대어로 옮길 때 "해오라기"로 번역되기
도 하고, "흰 새"로 번역하기도 한다. 또 "백조"나 "고니"로 번역
하는 사람도 있다. 한 폭의 산수화 같은 이 시에서 '白鳥'는 그저
산그림자 내려앉은 쪽빛 강물에 대비되어 또렷이 보이는 흰색의
새 정도면 충분했을 것이다. 그것이 해오라기든 백조든 고니든,
정확히 어떤 새인지 밝히는 것은 중요하지 않아 보인다. 이 시는
송수관필화첩(松水館筆畵帖)의 《도강도(渡江圖)》에도 화제(畵題)로
실려 있고, 김홍도의 《도강도》라는 그림에도 첫 글자만 '高'로 바
꾸어 적혀져 있다. 두 그림에 보이는 새도 그 형체가 분명하지 않
은 걸 보면 그저 이름 모를 흰 새를 의미하는 '白鳥'인 것이 더 제

격인 것 같다.

한편, 국어사 문헌 자료에서는 한자어 '天鵝'와 '鵠'에 각각 대응되는 고유어로 '곤, 곤이, 고해' 등의 표기가 동일하게 나타난다. 따라서 '천아(天鵝)'와 '곡(鵠)'과 '고니'가 모두 동일한 새를 지칭하는 명칭으로 사용된 유의어임을 알 수 있다.

현대국어 '고니'의 옛말인 '곤'은 15세기 문헌에서부터 나타난다. 16세기에는 '곤'에 접미사 '-이'가 결합한 '곤이'가 나타나기 시작하여 19세기까지 '곤이'로 실현되었다. 이후 20세기에 들어와 '곤이'가 연철 표기되어 '고니'로 정착되면서 현재에 이르렀다.

스믈아홉차힌 거름 거루미 곤 ᄀᆞ트시며 〈월인석보(1459) 2:57a〉 / 녜 닐온 곤이를 사기다가 이디 몯ᄒᆞ야도 〈번역소학 (1518) 6:15a〉 / 天鵝肉 곤이 〈동의보감(1613) 1:39b〉 / 天鵝 곤이 〈역어유해(1690) 下:27a, 동문유해(1748) 下:34a〉 / 天鵝 곤이 鵠 곡 〈방언유석(1778)亥部方言11a〉 / 곤이 白鷺 〈몽유편(1810) 上:16b〉

한편, 16~18세기 자서류(字書類) 문헌에서는 '鵠'에 대
응되는 '고해'가 보이는데, 이는 20세기 자서류나 재물보 등에서
는 다시 '곤이'로 나타난다.

鵠 고해 곡 〈훈몽자회(1527)上:8b〉 / 鵠 고해 곡 〈신증유합
(1576) 上:11b〉 / 鵠 고해 곡 〈유합_영장사(1700) 07b〉 / 고해 곡
鵠 〈왜어유해(1781) 下:20b〉 / 鵠 곤이 〈재물보, 광재물보〉 / 鵠 곤
이 곡 〈신정천자문(1908)〉

보수성이 강한 특성이 있는 자서류 문헌과는 달리 19
세기 말『한불자전』, 『국한회어』, 『한영자전』 등의 사전류에서는
'왜가리, 곡새, 뻐꾹새, 따오기' 등의 여러 고유어 명칭에 '鵠'이 대
응되는 양상이 나타나는데, 이는 19세기 말에 이미 한자 '鵠'과 고
유어 '고니'의 대응관계가 느슨해졌다는 사실을 보여준다.

왜가리 왁새가리 鵠 〈한불자뎐(1880)47〉 / 곡새 鵠 〈한불자
뎐 185〉 / 짜옥이 鵠 〈한불자뎐 453〉 / 따옥이 鵠 〈국한회어(1895)

74〉 / 뻑국새 鵠 鶡鳥 布穀 鳩鍾 〈국한회어 141〉 / 따옥이 鵠
〈한영자전(1897)〉

　　20세기 초 근현대잡지자료를 살펴보면, 여기에는 백
조를 지칭하는 '天鵝'가 등장하지 않고, 대신 '白鳥'가 사용된다는
것을 알 수 있다. 근대신어사전 중 하나인『모던朝鮮外來語辭典
(1936)』에도 표제어 '백조, 스완'이 'swan'과 함께 수록되어 있으며,
"動物. 鵠, 白鳥./白鳥 같이 純潔優美한 사람"이라고 풀이하였다.
이는 20세기 초 일본과 일본어의 영향이 작용한 것으로 짐작된다.
　　　전통적으로 사용되던 한자 명칭 '天鵝'나 '鵠' 대신에
영어 'swan'의 번역어인 한자어 '白鳥'가 활발히 사용되면서 점차
자리를 잡아갔고, 반대로 새로운 번역 신어 '白鳥'가 자리잡아 갈
수록 고유어 '고니'는 점차 세력이 약화되기 시작했다. 앞서 언급
했듯이 공식적인 생물학적 분류체계에서 '백조(白鳥)'는 사용하지
않는 명칭이다. 기러기목 오릿과 고니속으로 분류되므로 공식 명
칭은 '고니'이지만, 현대국어에서는 문화·예술·문학 등 여러 분야
에서 'swan'의 번역어인 '백조(白鳥)'라는 한자어가 월등히 우세하

게 사용된다. 물론 실물 개체수가 천연기념물로 지정될 만큼 줄어들면서 고유어 '고니'의 발화 빈도는 더더욱 극히 제한적일 수밖에 없게 되었고, 이름이 지칭하는 대상 자체도 불투명해진 상태이다.

　　백조는 몸이 새하얗고 윤이 나는 깃털을 가졌기 때문에 순결하고 깨끗한 이미지를 가지고 있다. 또 우아하게 물 위를 유영하는 모습에서 고상하고 기품 있는 아름다운 이미지로 표현되기도 한다. 그래서 이러한 고상하고 깨끗하며 기품 있는 이미지에서 더욱 발전하여 "훌륭한 인물"을 상징하기도 한다.

　　『후한서(後漢書)』의 '마원전(馬援傳)'에 '刻鵠不成尚類鶩'이라는 구절이 나온다. 이 구절에서 유래한 성어가 '각곡유목(刻鵠類鶩)'이다. '刻鵠不成尚類鶩'이라는 구절은 "고니를 만들려고 조각을 하다 보면 그래도 오리 모양이라도 나온다"는 뜻으로, "훌륭한 사람들을 본받으려고 노력하면 반드시 똑같이 되지는 못해도 비슷한 사람이 될 수 있다"는 뜻이다. 후대에 '각곡유목(刻鵠類鶩)'은 원래의 좋은 의미로 사용되기도 하고, 좋은 시도라도 제대로 하지 않으면 좋지 못한 결과를 얻게 된다는 좋지 않은 뜻으로 사용되기도 한다. 여기서 고니를 뜻하는 '곡(鵠)'은 "덕이 높고 청렴결백한 훌륭한 인물"을 상징한다.

또 '홍곡(鴻鵠)'도 "큰 기러기와 고니"라는 뜻으로, 포부가 원대하고 큰 인물을 이르는 말이다. '鴻鵠高飛不集汚地(큰 기러기와 고니는 높이 날면서 더러운 땅에는 머무르지 않음)'이라는 구절에서 유래하여 여기서도 고니는 훌륭하고 비범한 인물을 비유해서 쓰인다.

동아시아 한자문화권에서 한국어와 동일하게 '白鳥'라는 명칭을 사용하는 언어는 일본어이다. 중국어와 베트남어에서는 '天鵝'를 사용한다. 각 언어권별로 표기와 발음을 제시하면 아래와 같다.

〈한국어〉 백조(白鳥)　　baekjo

〈중국어〉 天鵝　　　　tiāné

〈일본어〉 白鳥　　　　hakuchō

〈베트남어〉 天鵝　　　thiên nga

중국어에서는 '天鵝'을 주로 사용하고, '鵠'은 "고니"

나 "과녁"을 뜻하한다. 베트남어도 '天鵝'의 한자음을 그대로 받아들여 사용한다. 일본어에서는 "흰색의 새. 조류명 고니. 白鳥德利(목 부분이 잘록하고, 기름한 한 되들이 백자 술병)의 준말. 과녁" 등 여러 의미를 가진다. 특히 긴 목 부분 모양이 특징적인 '백조'라는 새 이름에서 유추하여 백조와 비슷한 모양의 술병을 지칭하는 명칭으로도 쓰인다는 점이 재미있다. 더 재미있는 것은 이러한 모양의 병을 한국어에서는 '두루미'라고 한다는 점이다. 백조나 두루미나 둘 다 긴 목을 가졌지만, 목이 긴 모양의 술병을 보고 일본인은 백조를 떠올리고, 한국인은 두루미를 떠올렸을지 모른다.

한편, 영어에서 백조를 뜻하는 'swan'은 조류 명칭 이외에 "가수, 시인", "훌륭한 사람, 완전무결한 사람", "백조자리"라는 의미를 가지며, 동사로는 "정처 없이 가다, 마음 내키는 대로 살다, 여행하다, 어슬렁어슬렁 걷다"의 뜻으로 쓰인다.

고대 영어 'swan'은 원시게르만어 *swanaz "singer"에서 유래했다. 말 그대로 "노래하는 새"이고, 원시인도유럽어 어근 *swen-도 "소리를 내는 것"이라는 의미를 가진다. 따라서 swan은

고대 영어 geswin "멜로디, 노래"와 스웨덴어 "멜로디를 만드는
것"과 관련이 있다. 즉 한자어 '天鵝'나 '白鳥'는 해당 동물의 크기
나 색깔에 근거한 명칭이라면, 영어 'swan'은 멜로디를 만들어 노
래하는 특성에 어원을 두고 있다.

　　　　　백조는 서양문화에서 여러 가지 모습으로 등장한다. 그
리스 신화에서는 제우스가 백조의 모습으로 변신한다. 제우스는 스
파르타의 왕비 레다의 아름다움에 빠져 그녀를 유혹하지만 질투가
심한 아내 헤라에게 들킬 것을 염려해서 제우스는 그녀를 만나러
갈 때면 백조로 탈바꿈하여 올
림푸스 산을 빠져 나오곤 했다.

　　　　　제우스의 사랑을
받아들인 레다는 두 개의 알을
낳게 되는데 그중 하나에서는
카스토르란 남자아이와 크리
타이메스타라는 여자아이가
나왔고, 다른 하나에서는 폴룩
스라는 남자아이와 헬렌이라

레다와 백조

는 여자아이가 태어났다.

    이 아이들이 자라서 카스토르와 폴룩스는 로마를 지켜주는 위대한 영웅이 되었고, 헬렌은 절세의 미인으로 트로이 전쟁의 원인이 되었다. 제우

백조자리

스는 훗날 레다와의 추억을 영원히 간직하기 위해 백조자리라는 별자리를 만들었다고 한다.

    또 전세계적으로 전승되고 있는 Swan maiden 설화에도 순결하고 아름다운 백조가 등장하고, 안데르센의 동화 '미운오리새끼(The Ugly Duckling)'에도 백조가 아름답고 성숙한 모습으로 등장한다. 한편, 'swansong'은 백조는 죽기 직전에 한번 노래한다고 하는 북유럽의 전설에서 유래한 것으로, 화가·음악가 등 작가의 마지막 작품이나 배우·운동선수 등의 마지막 연기·기량 발휘를 의미한다.

    한편, 영어에도 swan의 색상에서 유래된 용어가 있다.

잘 알려진 경제용어 중에 '블
랙 스완(black swan)'과 '그레
이 스완(grey swan)'이라는 용
어가 있다.

　　　　'블랙스완'은 "기
존의 경험을 깨는 예기치 못
한 변수가 경제와 사회 등에
큰 파문을 불러오는 위기 상
황"을 의미한다. 이러한 용어
에 'swan'이 들어가게 된 것은

Walter Crane(1845~1915)의
The swan maiden

백조는 모두 흰색이라고 생각했던 유럽인들은 흑고니는 존재한
다고 생각조차 할 수 없었는데, 1697년 호주에서 흑고니가 발견
되면서 사람들에게 큰 충격을 주었기 때문이다. 이후 2001년 나
심 니콜러스 탈레브(Nassim Nicholas Taleb) 뉴욕대 교수가 처음
'black swan'이라는 용어를 썼다. 또 2007년 월가의 허상을 파헤
친 『black swan』이라는 책을 출간하면서, 서브프라임 모기지 사태
로 금융위기를 예측하면서 경제 영역으로 옮겨오게 됐다. '그레이

스완'은 "이미 시장에 알려져 있거나 예측 가능한 악재지만, 마땅한 해결책이 없어 위험이 항상 존재하는 시장상태"를 의미한다.

한국어에서는 1990년대 이후 특별한 직업이 없는 여자를 지칭하는 신조어로 '백조'가 쓰였다. 특별한 직업 없이 빈둥거리면서 노는 사람을 '백수건달(白手乾達)'이라고 하는데, 아무것도 가지지 않은 빈손의 의미가 더해져서 남자는 '백수', 여자는 '백조'라고 부르게 되었다.

오늘날 '백조'라는 한자어가 더 보편적으로 사용되고, '고니'는 '백조'와 동일한 새를 이르는 말이라는 것조차 알지 못하는 경우가 일반적이다. '고니'의 개체수가 감소되어 발화 기회가 줄어든 반면, '백조'는 '백조자리'나 '백조의 호수'와 같이 고유명사처럼 사용하기 때문에 훨씬 친숙하게 느껴지기 때문이다. 그러나 "흰 새"를 뜻하기도 하고, "고니"를 뜻하기도 하는 한자어 '백조'나 그저 영어 발음을 옮긴 '스완'보다 순우리말인 '고니'를 좀 더 즐겨 쓰면 좋을 것 같다. 물론 단순히 '백조'가 일본식 한자어라고 '고니'로 바꿔 써야 한다는 것은 아니다. '백조'라는 한자어는 전통시대부터 오랫동안 사용해온 한자어이지만, 오늘날 '백조'

라는 어휘 사용에 일본이 직접적인 영향을 미친 것도 사실이다. 그러나 이 모든 것은 우리말의 역사·문화적 맥락으로 이해해야 할 사항인 것 같다. 전통시대부터 써왔다고 해서 한국한자어라고 할 수도 없고, 중국을 통해 들어온 한자어만 한자어라고 할 수는 없다. 일본어의 영향을 받은 한자어를 배척하거나 순우리말로 바꾸는 노력보다는 점점 힘을 잃어가는 우리말에 관심을 기울이고, 완전히 사어가 되지 않도록 되살려 쓰고자 하는 노력이 더 필요한 시점이다.

　　'백조 왕자'나 '백조의 호수', '백조 자리', '블랙 스완'을 '고니 왕자'나 '고니의 호수', '고니 자리', '검은 고니' 등으로 바꿔 쓸 수도 없고 바꿀 필요도 없다. 그렇지만 정확히 '백조'와 '고니'의 관계나 차이, 각 이름의 어원, 의미 등에 대해 알려서 언중들이 이해한 우리말 유의어 정보에 맞게 보다 의미 전달에 적합한 어휘를 잘 선택할 수 있도록 기회를 마련해 줄 필요는 있다. 그래서 '고니'라는 우리말 새 이름이 우리 다음 세대의 머릿속사전에서조차 사라지는 것은 막고 싶다.

2. 황조(黃鳥)와 꾀꼬리

꾀꼬리

꾀꼬리는 우리에게 '꾀꼬리 같은 목소리'라는 관용표현으로 익숙한 새 이름이다. 이 관용표현 덕분에 꾀꼬리가 어떻게 생긴 새인지는 전혀 알지 못하고, 한 번도 실제 본 적이 없어도 꾀꼬리의 울음소리가 아름다울 거라는 사실은 짐작한다. 한국인에게 꾀꼬리는 울음소리가 아름다운 새로 이미지메이킹되어 있는 것이다. 실제로 꾀꼬리의 울음소리를 들어보면, 노랫소리라는 표현이 더 어울릴 만큼 맑고 청아해서 듣기 좋다. 아마 꾀꼬리 소리를 듣는 누구나 '아! 이래서 듣기 좋은 아름다운 목소리를 꾀꼬리 같다고 하는구나'라는 생각을 할 것이다.

꾀꼬리의 외양도 울음소리만큼이나 아름답다. 개나리 꽃보다 더 선명한 샛노란 색의 몸에 검은 띠들이 조화를 이루어 강렬한 인상을 준다.

숲속에 있는 꾀꼬리를 멀리서 본다면, 새보다는 꽃으로 보이지 않을까 싶은 생각이 들 정도로 샛노란 색이 인상적이다. 몸 길이는 대략 25cm 정도인데, 붉은색의 강한 부리가 특징적이다. 눈에서 뒷머리까지 검은색이 이어져 있어서 검은 띠를 두른 듯이 보이며, 꽁지와 날개 끝도 검은색이고, 다리는 검은 회색이다. 5~7월에 알을 낳는 여름 철새로, 우리나라를 비롯하여 시베리아·우수리 지역·중국 동북부·북베트남 등지에서 새끼를 친다. 겨울은 태국·미얀마·인도북부에서 보내며, 동남아 일부에서 텃새로도 생활한다고 한다.

학명은 Oriolus chinensis이다. 여기서 'Oriolus'는 "꾀꼬리"를 뜻하며 "금빛 색상을 가진 새"라는 뜻이다. 'Chiensis'에서 '-ensis'라는 라틴어는 "동물이 가장 먼저 채집된 기산지"를 나타내는 말로 'Chiensis'는 "중국"을 뜻한다.

　　　국어사전에 '꾀꼬리'가 대표 표제어로 등재되어 있고, '꾀꼬리'의 유의어로 창경(鶬鶊), 황금조(黃金鳥), 황리(黃鸝), 황앵(黃鶯), 황앵아(黃鶯兒), 황작(黃雀), 황조(黃鳥) 등 여러 한자어 명칭이 제시되어 있다.

　　　꾀꼬리를 지칭하는 한자어 이름 중에 '창경'을 제외하고는 모두 색상을 나타내는 '황(黃)'이 1음절을 구성하고 있다. 꾀꼬리를 가장 특징짓는 것이 선명한 노란색의 몸 색깔이라고 인식했기 때문이다.

　　　2음절은 대부분 꾀꼬리를 가리키는 한자인 '꾀꼬리 앵(鶯), 꾀꼬리·앵무새 앵(鸚), 꾀꼬리 리(鸝)' 등이 포함되어 있다. '鶯(앵)'은 의미부인 '鳥'와 소리부인 '榮(꽃 영)'의 생략된 부분으로 구성된 한자로, "아름다운 무늬를 가진 새의 깃털"을 뜻한다고 한다. '鸚' 역시 의미부인 '鳥'에 소리부인 '嬰(갓난아이 영)'이 결합된 한자로 "어린아이처럼 간단한 말을 할 수 있는 앵무새"를 가리키는데*, 예전 문헌자료에는 앵무새 뿐 아니라 "꾀꼬리"의 의미로도 쓰였다.

　　이시진의 『본초강목』에서는 '鸎(앵)'을 표제어로 설정했으며, '黃鳥〈詩經〉', '黃鸝'〈說文〉, '鸝黃〈爾雅〉', '倉庚〈月令〉', '商庚'〈爾雅〉 '靑鳥'〈左傳〉, '黃伯勞' 등을 유의어로 제시하였다. 이시진은 위 유의어들의 유래를 석명(釋名)에서 언급하고 있다. 『금경』에서 '鸎(앵, 꾀꼬리)'는 앵앵(嚶嚶) 울기 때문에 이름 지어졌다.'라고 하였다. 혹은 꾀꼬리의 목에 무늬가 있으므로 '영(賏)'자를 사용된 것인데, '영'은 목걸이와 같이 목에 두르는 장식을 이른다. '鶯(앵)'이라고도 하는데, 새의 날개에 있는 무늬를 뜻한다. 『시경(詩經)』에서 '날갯짓이 아름답도다.[有鶯其羽]'라고 한 것이 이 새이다. 색은 노랗고 검은색을 띠고 있으므로 검다는 뜻의 여(黧)와 노랗다는 뜻의 황(黃)을 함께 쓴 '여황(黧黃)' 등의 여러 이름이 있다.

　　그리고 지역에 따라 사용하는 이름이 다름을 밝혔는데, 육기(陸璣)는 제(齊)나라 사람들은 '박서(搏黍)'라 하고, 주(周人)

나라 사람들은 '초작(楚雀)'이라 하고, 유주(幽州)에서는 '황앵(黃鶯)'
이라 하고, 진(秦)나라 사람들은 '황이류(黃鸝鶹)'라 하고, 회수(淮水)
지역 사람들은 '황백로(黃伯勞)'라 하였는데, 황백로는 당(唐)나라
현종(玄宗) 때 '금의공자(金衣公子)'라 부르고 '황포(黃袍)'라 한다고
하였다.

　　　꾀꼬리는 암수가 짝을 지어 날아다니며, 절기에 반응
하고 때에 맞추어 행동하는 새이다. 그래서 입춘(立春) 이후에 울
기 시작하고, 보리가 노랗게 익거나 상심(桑椹)이 익을 때 더욱 심
해진다. 그래서 『월령(月令)』에서는 '중춘(仲春)에 창경(倉庚)이 운
다.'라고 하고, 『설문해자(說文解字)』에서는 '창경이 울면 누에가 깨
어난다.'라고 하였다.

　　　즉 꾀꼬리의 수많은 이명들은 기본적으로 울음소리나
외양, 습성 등 꾀꼬리의 속성에 근거하여 이름 붙여진 것이 많고,
여기에 지역에 따라 달리 부르는 말이 생기거나 유명인이 명명해
서 생겨난 것들이라고 할 수 있다.

본초강목-사고전서본   본초강목-대만본

삼재도회   왜한삼재도회

유희의 『물명고』에서는 '鶯'을 표제어로 삼고 그에 대
응하는 한글 이름을 '쇠고리'라고 하였다. 또 꾀꼬리의 많은 이명
을 나열하면서 그 근거를 밝히고자 하였다.

鶯은 꾀꼬리니 황조(黃鳥), 황리(黃鸝), 리황(鸝黃), 창경
(鶬鶊), 황(皇), 청조(靑鳥), 황백로(黃伯勞), 박서(博黍), 초작(楚
雀), 금의공자(金衣公子), 황포(黃袍), 리황(離黃), 률류(栗留)와
같다. '습요(熠燿)'는 깃털의 곱고 아름다운 색채와 무늬를
뜻하는데, '면만(綿蠻)'과 같다. '전(囀)'은 꾀꼬리의 울음소
리가 서른 두 번 바뀌는 것이다. 『하소정(夏小正)』 「이월(二
月)」에 우는 '창경(倉庚)'이 있다고 하였고, 주(註)에 이르기
를 '상경(商庚)', '장경(長庚)', '장고(長股)'라 하였으며, 『시전
(詩傳)』에서는 '창경'을 '황조'라고 하였다. 대체로 2월에 꾀
꼬리가 존재한다고 언급하지 못하고, 또 그 다리는 길지
않다. 그러므로 『동의보감』에서는 '아리새'라고 여겼으니,

옳은지 그른지를 아직 모르겠다.[*]

유희도 꾀꼬리의 여러 이름의 전거를 통해 그 의미를 밝히고자 했으나 창경에 대해서는 판단을 유보하고 있다. 다른 이름과 비교할 때 '창경'이라는 명칭에 대해서는 문헌을 통한 고증과 실제 우리나라에서 볼 수 있는 '꾀꼬리'가 정확히 맞아떨어지지 않아서 동일성 판단이 어려웠기 때문이다.

한국 사람이라면 누구나 학창시절 배웠던 기억이 어렴풋이 남아있는 〈황조가〉의 '황조'가 바로 꾀꼬리이다. 황조가는 『삼국사기』 고구려 본기에 유리왕이 지은 한시로 전하는데, 우리나라 최초의 서정적 시가(詩歌)로 알려져 있다. 또 이 삼국사기의 기록이 '黃鳥'를 문헌으로 확인할 수 있는 최초 용례이다.

---

[*] 이 책에서 『물명고』에 대한 번역은 기본적으로 김형태(2019)의 번역문을 참고하여 필자가 부분적으로 수정한 것임을 밝혀둔다.

翩翩黃鳥(편편황조)　펄펄 나는 저 꾀꼬리

雌雄相依(자웅상의)　암수 서로 정답구나

念我之獨(염아지독)　외로울사 이 내 몸은

誰其與歸(수기여귀)　누구와 함께 돌아갈고

- 黃鳥歌

　　황조가는 고구려 유리왕이 자신을 두고 떠난 치희(雉姬)를 그리워하며 자신의 외롭고 쓸쓸한 심경을 노래한 것이다. 여기서 자신의 외로운 처지와는 달리 암수 서로 정답게 나는 새로 묘사되고 있는 '黃鳥'가 바로 꾀꼬리이다.

　　『삼국사기』 이외에 『고려사』에도 꾀꼬리를 의미하는 '鶯, 鸎, 黃鳥, 黃鶯, 倉庚' 등이 골고루 등장한다.

　　현대 국어 '꾀꼬리'의 옛말인 '곳고리'는 15세기 문헌에서부터 등장한다. 일반적으로 '곳고리'는 '곳골+이'로 분석하고, '곳골'은 의성어로, '이'는 명사를 파생시키는 접미사로 설명한다. 고유어 새 이름의 대다수가 의성어에 '이' 접미사가 붙어 형성되었다는 점에서 어쩌면 가장 안전한 어원설일지도 모른다. 이 외에

꾀꼬리의 외양에서 추측하여 '곳()꽃)+소리()꼬리)'라는 설, 高麗鶯
와 鸝라는 표기를 근거로 고려가 고리로 변했다는 설 등이 있으나
정확한 근거를 밝히기 어렵기 때문에 그야말로 설(說)에 불과하다.

　　15세기와 16세기에는 국어사 문헌 자료에서는 '곳고
리'로 나타나다가 17세기에 오면 제1음절에 반모음 'ㅣ'가 첨가된
'굇고리' 형태가 나타난다.

　　　숨利는 봀 곳고리라 혼 마리라 〈월인석보(1459)7:66a〉 / 가
　　지예셔 우는 곳고리는 갓가이 잇고 믌ㄱ쉬 멋눈 굴며기는
　　가비얍도다 〈두시-초(1481)3:25b〉 / 鸎 곳고리 잉 鸝 곳고리
　　례 〈훈몽자회(1527)상:9a〉 / 곳고리 잉 鶯 〈백련초해(1576)2a〉 /
　　䳘 鶯 굇고리 잉 〈신증유합(1576)상:11b〉 / 어름과 눈에 곳고리
　　오미 어렵고 보미 치우니 고지 뎌기 더듸도다 〈두시-중(1632)
　　11:8a〉 / 黃鳥 굇고리 黃鸝 굇고리 〈역어유해(1690)하:27a〉 / 離
　　굇고리 리 〈주해천자문(1752)16b〉 / 百舌鳥 괴쏘리 〈동의보감
　　(1613)1:40a〉

17세기에 '굇고리', '괴쇼리'의 형태가 나타나다가 18
세기에 오면 어두 된소리화를 겪은 형태인 '쇠ㅅ고리, 쇳고리, 쇠
쏘리, 쇠쏠이' 등이 보인다. 1음절의 첫소리가 된소리로 바뀐 형태
에서 2음절까지 된소리로 바뀌었다. 현대국어에서는 ㄱ의 된소리
를 'ㄲ'으로 표기하는 원칙에 따라 '꾀꼬리'로 표기하게 되었다.

金衣公子 쇠ㅅ고리 〈역어유해보(1775) 47b〉 / 黃鸝 쇳고리
〈방언유석(1778) 해부:11b〉 / 黃鸝 쇳쏘리 〈동문유해(1748)하:35a〉 /
黃鸝 쇠쏘리 〈몽어유해(1790)하:29a〉 / 鶯 쇠고리 〈물명고 1:4〉〈광
재물보(19세기)林禽:2〉 / 창경 鶬鶊 쇠쏘리 鶯 〈한불자전(1880)〉 /
털은 각식이 잇스니 쇠쏘리는 털이 누르고 공쟉은 이 ㄱ쟝
보기 됴흐니 〈훈아진언(1894)7b〉 / 황앵 黃鶯 〈국한회어(1895)〉 /
쇠쏘리 鶯 (잉) ->황됴 〈한영자전(1897)〉 / 嚶 [앵,잉] 쇠쏠이 소리
〈신자전〉

즉 '곳고리〉굇고리〉쇠쏘리〉꾀꼬리'의 형태 변화를 거
쳐 현대국어 꾀꼬리가 정착되었다. 위에서 예시한 문헌에서 고유

어 꾀꼬리에 대응하는 한자어 표기로는 '鶯, 鸎, 鸝, 鶹, 嚶, 離, 黃鳥,
黃鶯, 黃鸝, 黃鶹, 金衣公子, 鶬鶊, 百舌鳥' 등 다양하게 나타난다.

　　　　꾀꼬리의 한자표기 중 '百舌鳥'가 등장하지만, 이는
"지빠귀"를 지칭하는 한자 이름이다. 그러나『본초강목』林禽類
百舌 에서도 '진장기는 백설(百舌)과 닮은 것은 지금의 꾀꼬리[鶯]
이다.(藏器:肯百舌, 今之鶯也.)'라고 했을 정도로 꾀꼬리와 지빠귀는
소리나 습성 등이 비슷한 점이 있다. 그러나 꾀꼬리는 샛노란색이
고, 지빠귀는 대체로 검은 갈색이다. 지빠귀 중 하나인 노랑지빠
귀도 몸 색깔이 밝은 갈색이다.

　　　　또『동의보감』에서는 '창경(鶬鶊)'을 '아리새'라고 설명
하였다. '아리새'는 일반적으로 '할미새'를 뜻하는 것으로 알려져
있지만, 자서류를 위주로 한 국어사 자료에는 대체로 창경에 대한
우리말로 나타난다.

　　　　　鶬 아리새 창 鶊 아리새 경 〈훈몽자회(1527)上:9a〉 / 鶬鶊 아
　　　리새 〈동의보감(1613)1:41a〉 / 아리새 창 鶬 아리새 경 鶊 〈유합_칠
　　　장사본(1664)7:8a〉/ 鶬鶊 알이새 〈방언유석(1778) 亥部方言:11b〉 / 아

리새 鶬鶊〈몽유편(1810)上:16a〉/ 아리새 倉庚〈한영자전(1897)〉

그러나 조선총독부에서 간행한 『조선어사전』(1917)에는 '창경(鶬鶊)'은 "꾀꼬리"로, '아리새'는 "할미새"로 풀이하고 있다. '창경'에 대해서는 『규합총서(閨閤叢書)』(1809)에도 관련 내용이 나온다.

　　창경 일명은 명구니 강동의셔 포곡이라 셜부 창경뎐의 왈 양 무제 괵황후가 투긔 심ᄒ니 창경육을 먹으면 낫다 ᄒ거놀 (시)험ᄒ니 반이 감ᄒ다 ᄒ니라

『규합총서』에서는 '명구(鳴鳩)'라고 하고, 강동 지역에서는 '포곡조 (布穀鳥)'라고 한다. 셜부(說郛) 창경전(倉庚傳)에 이르기를 양(梁) 무제(武帝) 치황후(郗皇后)가 시샘이 심해서 뻐꾸기 고기를 먹이면 낫다고 하여 시험해보니 시샘이 반이나 없어졌다고 하였다. 이는 창경은 꾀꼬리인데, 여기서는 명구나 포곡조, 즉 뻐꾸기로 오인한 예*이다.

──────   ＊   규합총서가 필사본이기 때문에 필사 과정에서 두 항목이 섞

이상으로 볼 때 꾀꼬리를 나타내는 한자 이름 중 대체로 꾀꼬리를 지칭하는 것이 분명한 '鶯, 鸝, 鸎' 등이 선호되었고, 신체적 특징인 노란색 몸 색상과 관련된 '黃鳥, 黃鶯, 黃鸝, 金衣公子' 등도 자주 사용했다. 그러나 '鶬鶊/倉庚(창경)'이나 '百舌鳥(백설조)'와 같은 명칭은 명칭 자체가 꾀꼬리와 잘 연결되지 않아서 다른 새와 오인한 표기들도 다수 보이므로 전통시대에도 혼란을 일으켰다는 것을 알 수 있다.

꾀꼬리는 널리 알려진 고려가요 〈동동〉에도 등장하는데, 4월에 나오는 '곳고리새'가 바로 꾀꼬리이다.

四月 아니 니저 아으 오실서 곳고리새여
므슴다 錄事니만 녯 나랄 닛고신뎌
아으 動動 다리

였을 가능성도 배제할 수 없다.

〈동동〉에서 꾀꼬리는 화자를 다시 찾아온 반가운 새로 그려져 있으며, 화자를 잊고 돌아오지 않는 녹사(錄事)님과 대비되어 임을 그리는 마음을 극대화하고 있다.

1533년 송순(宋純)이 지은 면앙정가(俛仰亭歌)에도 꾀꼬리의 다른 이름 '황앵(黃鶯)'이 등장한다.

藍輿롤 비야 투고 솔 아릭 구븐 길노 오며 가며 ᄒᆞᄂ 적의
祿楊의 우는 黃鶯 嬌態 겨워 ᄒᆞᄂ고야

가마를 타고 소나무 아래 길을 가면서 들리는 꾀꼬리 소리에 봄이 깊어 여름을 재촉하고 있음을 표현한 대목에서 '황앵'은 교태 겨워하는 모습으로 봄의 절정을 표현하고 있다.

안민영(安玟英, 1816-1885?)이 지은 시조에도 나비춤을 시샘하는 꾀꼬리가 등장한다. 꾀꼬리의 노래와 나비의 춤이 서로 시기의 대상이 아니라 조화를 이루는 관계임을 표현하고 있다.

꾀꼬리 고운 노래 나비춤을 시기(猜忌)마라.

나비 춤 아니런들 앵가(鶯歌) 너뿐이어니와

네 곁에 다정(多情)타 이를 것은 접무(蝶舞) ㅣ 론가 하노라.

경기 12잡가 중 하나인 〈유산가(遊山歌)〉에도 꾀꼬리
가 등장한다. 유산가는 한국의 절경을 중국의 명승지와 여러 고사
(古事)를 비교하면서 읊은 노래로, 봄의 아름다운 경치를 감상하면
서 풍류를 즐기는 흥취를 표현하고 있다.

화란츈셩(花爛春城)ᄒ고 만화방창(萬化方暢)이라

씨 조타 벗님늬야 산쳔경기(山川景槪)를 구경을 가셰

죽장망혜(竹杖芒鞋) 단표ᄌ(單瓢子)로 쳔이강산(千里江山)
을 드러를가니

만산홍록(萬山紅錄)드른 일년일도(一年一度) 다시 퓌여

츈ᄉᆡᆨ(春色)을 자랑노라 ᄉᆡᆨᄉᆡᆨ(色色)이 불것ᄂᄃᆡ

창송취죽(蒼松翠竹)은 창창울울(蒼蒼鬱鬱)ᄒ고

긔화요초란만즁(奇花瑤草爛漫中)에 곳 속에 잠든 나뷔
자취업시 나라든다

유상잉비(柳上鶯飛) 편편금(片片金)이요 화간접무(花間蝶
舞)는 분분셜(紛紛雪)이라

삼춘가절(三春佳節)이 조흘시고 도화만발졈졈홍(桃花滿
發點點紅)이로구나

어쥬츅슈이삼츈(魚舟逐水愛三春)이여든 무릉도원(武陵桃
源)이 예 아니냐

양류셰지스스록(楊柳細枝絲絲綠)ᄒ니 황산곡이당츈졀
(黃山谷裏當春節)에 연명오류(淵明五柳)가 예 아니냐

〈유산가〉는 봄꽃이 만발한 무렵 하얀 나비들이 날아
다니는 것이 겨울에 함박눈이 어지러이 날리는 것과 같고, 봄철
버드나무 위로 꾀꼬리가 나는 것이 언뜻언뜻 보이는 것을 마치 금
이 보이는 것 같다고 표현하였다. '柳上鶯飛片片金'이라는 구절은
봄철에 버들잎이 새로 피어날 때 그 위를 나는 꾀꼬리의 모양을
금과 같이 빛난다고 묘사한 시구로 널리 알려져 있는 구절이다.

꾀꼬리는 그림의 소재가 되기도 했다. 김홍도(金弘道

·1745년~?)의 마상청앵(馬上聽鶯, 말 위에서 꾀꼬리 소리를 듣다)은 오른편
언덕에 버드나무 한 그루가 서 있어서 봄빛 가득한 잎이 달린 가지
를 위로 뻗고 있다. 길을 가던 한 선비가 동자가 이끄는 말을 타고

마상청앵도 중 꾀꼬리 확대

김홍도의 마상청앵도(馬上聽鶯圖)
보물 제1970호 간송미술관 소장

가다 문득 멈춰서 버드나무 가지 위 꾀꼬리를 유심히 바라보고 있다. 아마 그 선비는 언덕길을 내려오다가 아름다운 새소리를 들었을 것이고, 멈춰 서서 들려오던 새소리의 진원지를 찾다가 버드나무 가지 사이에 있는 노란 꾀꼬리 두 마리를 발견했을 것이다.

그림에 가득한 봄빛과 흥취에 마음을 빼앗긴 선비를 통해 그림을 감상하는 사람도 선비의 눈과 귀로 봄을 느낄 수 있다. 이 그림에서 선비와 동자가 고개를 위로 돌려 꾀꼬리가 앉아 있는 버드나무를 쳐다보는 바로 그 시선을 따라 그림을 감상하는 사람도 역시 자연스럽게 따라가게 되어 있다. 그렇게 꾀꼬리 한 쌍을 바라보다 보면 선비의 발길을 사로잡은 꾀꼬리의 아름다운 노랫소리가 들리는 듯하다. 또 버드나무와 꾀꼬리에 스며들어있는 은은한 봄빛에 보이고, 이 그림의 주인공은 선비가 아니라 버드나무와 꾀꼬리라는 것을, 자연과 자연의 질서라는 것을 깨닫게 된다.

화폭 왼편 위쪽에는 다음과 같이 그림을 평하는 시도 있다.

佳人花底簧千舌 韻士樽前柑一雙

歷亂金梭楊柳岸 惹烟和雨織春江

고운 여인 꽃 아래서 천 가지 소리로 생황을 부는 듯

시 짓는 선비의 술상 앞에 놓인 귤 한쌍인 듯하다

금빛 베틀 북이 어지러이 수양버들 물가를 오가더니

안개와 비를 엮어 봄의 강에 베를 짜는구나

봄꽃 한 송이 없이도 봄날의 시정(詩情)이 촉촉하게 젖어 있는 이 그림에 걸맞는 화제시(畵題詩)이다. 꾀꼬리의 아름다운 노랫소리와 노란색의 외양이 봄을 느끼기에 충분한데, 꾀꼬리의 움직임과 새소리가 물가의 버드나무 가지의 살랑거림이 만나 만들어내는 풍경과 조화가 마치 봄이라는 계절의 베를 짜는 듯 느꼈을 것이다. 이 봄날의 풍경은 이미 선비의 마음 속에 촉촉한 봄비를 내리고 있었을 지도 모른다.

현재 동아시아 한자문화권에 속하는 한국, 중국, 일본, 베트남에서 꾀꼬리는 각기 다른 이름으로 불리고 있다. 한국은 고유어 '꾀꼬리'를 사용하고, 중국은 전통적으로 사용하던 '黃鶯(황앵)'을 사용하고 있다. 일본은 '고려조(高麗鳥)'라는 명칭을 사용한다.

〈한국어〉꾀꼬리　　　　kkoikkoli

〈중국어〉黃莺　　　　　huángyīng

〈일본어〉こうらいうぐいす【高麗鶯】　　kōraiuguisu

〈베트남어〉chim vàng anh, chim sơn ca

베트남어에서 'chim'은 "새"라는 뜻이다. 또 vàng은 "황금(黃金), 금(金)"이라는 의미를 지니고, 'anh'은 '鶯'에 해당하는 한자음이다. 그리고 sơn은 산(山), ca는 "歌"에 해당하며 "노래하다"는 의미를 가진다. 결국 표면적으로는 한자가 드러나 있지 않지만, '황앵(黃鶯)'이나 '산가(山歌)' 정도의 의미를 갖고 있어서 꾀꼬리에 해당하는 베트남어도 몸 색깔이나 노래라는 특징이 명명에 사용되었음을 확인할 수 있다.

서양에서 꾀꼬리의 보통 이름은 'black-naped oriole' 인데 이는 "목 뒤쪽(naped)이 검은(black) 꾀꼬리(oriole)"란 뜻이다. 'oriole'은 어원적으로 원시유럽조어(PIE) '*aus-', 즉 "황금빛(golden)"에서 유래한 라틴어 'aureolus'와 관련된다. 'oriole'은 꾀꼬리의 몸 색깔이 선명한 노란색을 띠기 때문에 붙은 이름이다.

나이팅게일(Nightingale)

사전에서는 꾀꼬리를 '나이팅게일(nightingale)'로 번역한 경우가 많은데, 이는 아마 나이팅게일의 노랫소리도 꾀꼬리처럼 아름답기 때문에 대역어가 된 경우일 것이다. 그러나 나이팅게일(Nightingale, 학명: Luscinia megarhynchos)은 참새목 딱새과 방울새속으로 분류되는 새로, 깃털 색도 옅은 갈색이고 크기도 꾀꼬리의 반이 안 될 정도로 작은 새이다. 또 유럽이나 서아시아에 살면서 겨울을 서아프리카에서 나고 우리나라에는 오지 않는 새이기 때문에 꾀꼬리와 동일한 대상을 가리키는 것으로는 볼 수 없다. 국어사전에는 나이팅게일이라는 새 이름에 해당하는 우리말로 '밤꾀꼬리'가 제시되어 있는데, 이것도 생물분류학상 정한 영어 이름의 대역어일 것이다.

영어 'Nightingale'은 낮뿐만 아니라 밤에도 들리는 수컷의 아름다운 노래로 유명하기 때문에 어원적으로도 관련되어 있다. 중세영어 'nighte-gale'은 원시게르만어 '*nakht-' "night(밤)"와 '*galon' "to sing(노래하다)"이 결합된 합성어이다.

나이팅게일은 안데르센이 지은 동화로도 유명하다. 중국 황제의 아름다운 정원에 "나이팅게일"이라는 아름다운 노래를 부르는 새가 살고 있었다. 나이팅게일의 노랫소리에 푹 빠진 황제는 새장에 가두고 노래 듣기를 즐겼다. 어느 날 황제는 일본으로부터 보석으로 장식된 장난감 새를 선물 받는데, 장난감 새는 태엽만 감아주면 아름다운 노래를 지치지 않고 불렀다. 살아있는 나이팅게일 새는 황제의 곁을 떠나고, 5년 뒤 병에 걸려 몸져누운 황제에게 죽음의 신이 찾아온다. 황제는 죽음의 공포를 이겨내고자 장난감 새에게 노래를 부르라고 하지만 태엽이 감기지 않은 새는 아무 소리도 내지 않는다. 한편 황제의 병 소식을 듣고 살아있는 나이팅게일 새가 날아와 노래를 부르자 아름다운 노랫소리에

매료된 죽음의 신은 황
제를 포기하고 사라진다.
이에 황제는 나이팅게일
에게 매우 감사하며 나이
팅게일에게 더 이상 나이
팅게일을 가두지 않을 테
니 원할 때마다 불러주기
를 요청했으며, 나이팅게
일의 노래로 황제는 다
시 건강을 회복했다는 이
야기이다. 이 동화에서도
나이팅게일은 죽음의 신

Vilhelm Pedersen이 그린
Nightingale의 삽화

조차 매료되는 아름다운 노래를 부르는 새로 등장한다. 아무튼 꾀
꼬리와 나이팅게일은 둘 다 울음소리가 아름다운 새로 유명하지
만, 서로 다른 새이다.

3. 두견(杜鵑)과 뻐꾸기

두견은 문학작품을 통해, 뻐꾸기는 '뻐꾹 뻐꾹'하는 울음소리를 통해 친숙한 새 이름이다. 두견은 흔히 '접동새'라고도 하고, 어떤 사람들은 '소쩍새'라고도 한다. 또 다른 사람은 '뻐꾸기'가 '두견'이라고도 한다. 이렇게 새 이름은 서로 비슷하게 생긴 외양과 유사한 습성 때문에 서로 혼동되기 마련이다. 그런 혼란스러운 시간이 지속되고 실제 새들을 관찰할 기회가 줄어들다 보면

두견

뻐꾸기

자연스레 새 이름 간의 경계나 명확한 구분 자체가 어려워지기도
한다. 두견과 뻐꾸기는 같은 새일까? 다른 새일까? 소쩍새나 접동
새라는 이름을 가진 새와는 무슨 관계가 있을까?

      결론부터 말하면 '두견'과 '뻐꾸기'는 서로 다른 새이
다. 우선, 국어사전에서의 뜻풀이를 살펴보자.

> **두견**(杜鵑) 「명사」 『동물』 두견과의 새. 편 날개의 길이
> 는 15~17cm, 꽁지는 12~15cm, 부리는 2cm 정도이다. 등
> 은 회갈색이고 배는 어두운 푸른빛이 나는 흰색에 검은 가
> 로줄 무늬가 있다. 여름새로 스스로 집을 짓지 않고 휘파
> 람새의 둥지에 알을 낳아, 휘파람새가 새끼를 키우게 한다.
> 한국, 일본, 말레이시아 등지에 분포한다. ≒귀촉도, 두견
> 새, 두견이, 두백, 두우, 불여귀, 사귀조, 시조, 자규, 주각제
> 금, 주연, 촉백, 촉조, 촉혼, 촉혼조. (Cuculus poliocephalus)
>
> **뻐꾸기** 「명사」 『동물』 두견과의 새. 두견과 비슷한데 훨
> 씬 커서 몸의 길이는 33cm, 편 날개의 길이는 20~22cm이
> 며, 등 쪽과 멱은 잿빛을 띤 청색, 배 쪽은 흰 바탕에 어두운

적색의 촘촘한 가로줄 무늬가 있다. 때까치, 지빠귀 따위의 둥지에 알을 낳아 까게 한다. 초여름에 남쪽에서 날아오는 여름새로 '뻐꾹뻐꾹' 하고 구슬프게 운다. 산이나 숲속에 사는데 유럽과 아시아 전 지역에 걸쳐 아열대에서 북극까지 번식하고 겨울에는 아프리카 남부와 동남아시아로 남하하여 겨울을 보낸다. ≒곽공, 길국, 뻐꾹새, 시구, 포곡, 포곡조, 획곡. (Cuculus canorus)

뜻풀이를 보면, 두견과 뻐꾸기는 상당히 닮아 있다. 밑줄 친 부분을 비교해 보면, 둘 다 두견과에 속하는 새라는 점, 배에 가로줄무늬가 있다는 점, 여름새라는 점, 다른 새의 둥지에 알을 낳는 점 등이 같다. 차이가 있다면 크기가 뻐꾸기가 2배 이상 크다는 것이다. 이러한 차이라면 전문가가 아닌 일반인들은 잘 구분하지 못하고 하나로 인식할 가능성이 높을 것이다.

두견의 학명은 Cuculus poliocephalus이고, 뻐꾸기의 학명은 Cuculus canorus이다. 속명인 Cuculus는 라틴어로 "뻐꾸기"라는 뜻이다. 두견의 종소명인 'poliocephalus'는 "회색머리의"

라는 뜻이고, 뻐꾸기의 종소명인 'canorus'는 "좋은 소리의"라는
뜻이다.

두견이나 뻐꾸기나 둘 다 두견이목 두견이과에 속하
는 새이기 때문에 학명 중 속명은 동일하지만, 종소명은 두견이
색깔에, 뻐꾸기는 울음소리에 초점을 두고 있다. 실제 두 새를 보
아도 구분이 어려울 정도로 비슷하게 생겼지만, 크기와 울음소리
에서 차이가 있다. 뻐꾸기가 두견보다 훨씬 크고, 울음소리도 일
정해서 듣기 편안하고 좋다.

국어사전에서 '두견'의 유의어로 '귀촉도(歸蜀道), 두견
(杜鵑)새, 두견(杜鵑)이, 두백(杜魄), 두우(杜宇), 불여귀(不如歸), 사귀조
(思歸鳥), 시조(時鳥), 자규(子規), 주각제금(住刻啼禽), 주연(周燕), 촉백
(蜀魄), 촉조(蜀鳥), 촉혼(蜀魂), 촉혼조(蜀魂鳥)'가 제시되어 있어서 새
이름 중에서도 한자어 유의어가 많기로 손꼽힌다. 한편, '뻐꾸기'
의 유의어로는 '곽공(郭公), 길국(鴶鵴), 뻐꾹새, 시구(鳲鳩), 포곡(布
穀), 포곡조(布穀鳥), 획곡(獲穀)'이 제시되어 있다.

먼저, '두견(杜鵑)'부터 문헌 자료에서 그 유래에 대해 어

떻게 풀이하고 있으며, 다른 이름에는 어떤 것들이 있는지 살펴보기로 한다.

　　『본초강목』에서는 '杜鵑'을 표제어로 하여 '杜宇(두우)〈禽經〉, 子雟(자휴), 子規(자규, 또는 秭歸(자귀)), 鷤鴃(제결 또는 鴨鴃(단결)), 催歸(최귀 또는 思歸(사귀)), 怨鳥(원조), 周燕(주연)〈說文〉, 陽雀(양작)'과 같다고 하였다. 각 이명들이 이름 붙여진 유래에 대해서 이시진은 대체로 울음소리나 '두우'의 소리가 변한 것으로 보았으며, 지역에 따라 부르는 이름이 달랐음을 설명하고 있다. 이시진은 '촉(蜀)나라 사람들은 두견을 보면 두우(杜宇)를 그리워하므로 두견(杜鵑)이라 부른다. 학자들이 마침내 두우(杜宇)를 견(鵑)으로 변화시켜 와전되게 하였다. 두견과 자휴(子雟), 자규(子規), 제계(鷤鴃), 최귀(催歸) 등의 여러 이름은 모두 그 소리가 비슷하기 때문인데, 각각 지역의 음에 따라 부를 따름이다. 그 울음소리가 불여귀거(不如歸去)라고 하는 것과 같다.'고 하였다. 이는 '두견'이라는 이름의 어원을 '두우'에서 찾고, 그 근거를 촉나라 왕 두우가 죽어서 두견이 되었다는 전설에 기대고 있음을 확인할 수 있다.

　　또 이시진은 '속담에 양작(陽雀)은 규(叫)라 울고, 제계

(鶗鴂)는 앙(央)이라 운다고 한 것이다.『금경』에서는 강서[江左] 지역 사람들은 자규라 하고, 촉 지역 오른쪽에서는 두우라 하고, 구월(甌越) 지역에서는 원조(怨鳥)라 한다고 하였다.『한서(漢書)』복건(服虔) 주(注)에서 단계(鴠鴂)를 백로(伯勞)로 여긴 것은 잘못되었는데, 이름만 같고 다른 동물이기 때문이다. 백로는 결(鴂)이라고도 하는데, 음이 결(決)이지, 계(桂)가 아니다'라고 하였다.

본초강목-사고전서본

본초강목-대만본

삼재도회

왜한삼재도회

　　당나라의 의학자이자 『본초습유(本草拾遺)』를 지은 진
장기(陳藏器, 678~757년)는 '두견은 익더귀(새매의 암컷)처럼 작고 울음
소리가 끊이지 않는다. 「촉왕본기(蜀王本紀)」에서는 두우가 망제(望
帝)가 되었는데, 신하인 별영(鱉靈)의 아내와 음란한 짓을 하여 그대
로 선위를 하고 떠났다. 그때 자규(子規)라는 새가 울음소리를 냈으
므로 촉 사람들은 두견이 우는 것을 보고 망제를 슬퍼한다'고 하였
다. 『형초세시기(荊楚歲時記)』에서는 두견이 처음 울 때, 먼저 들은
자는 주로 이별을 하게 되고, 그 소리를 따라하면 사람이 피를 토
하게 하며, 변소를 가다가 들으면 상서롭지 못하다고 하였다. 『이
원(異苑)』에서는 어떤 사람이 산을 가다가 한 무리를 보고서 그것에
의지해 따라하였는데, 피를 토하고 곧 죽었다고 하였다. 사람들은
이 새가 울면 피를 토하고야 만다고 말하므로 피를 토해 내는 일이
있는 것이라고 하였다. 중국의 여러 문헌자료에서는 대체로 두견
의 이름을 전설이나 설화와 연결지어 설명하고 있다.

　　유희의 『물명고』에서는 '杜鵑(두견)은 남쪽 지역에서
나오고, 요(鷂, 익더귀 요)와 같은데 참흑색이며, 주둥이는 붉고 작은
볏이 있으며, 봄여름밤부터 아침에 이르기까지 우는데, 울음소리

가 매우 슬프다.'라고 하였다. 또 이러한 것으로 볼 때 두견은 '우리나라에서 이른바 정소야(鼎小也)라고 하는 새와 딱 들어맞지만 설명한 사람들이 아니라고 생각한 것은 어째서인가? 두우, 자규, 자귀, 최귀, 원조, 주연, 양작, 촉백, 망제, 주주와 같다. 불여귀거(不如歸去)는 두견새의 울음소리이다. 사표(謝豹)는 두견이 아주 오랫동안 울면, 부르짖기를 사표라고 한다.'고 하였다. 유희는 두견(杜鵑)과 우리나라의 소쩍새와의 관련성을 언급하였다.

　　『동의보감』 탕액편에서 '杜鵑'은 우리말로 '접동새'라고 하고, '자규(子規)'라고도 한다고 하였다. 또 첫 울음을 먼저 들은 사람은 이별하게 되고, 그 울음소리를 흉내내면 피를 토하게 된다고 하였다.

　　이렇게 예로부터 '杜鵑'은 사연이 많았던 이름인 것 같다. 중국 촉나라 두우의 슬픈 죽음에 얽힌 전설과 연관된 이름과 울음소리를 지역별로 다르게 표현하던 것이 이름으로 불리고, 그 이름이 다시 우리나라에까지 그대로 전해졌다. 두우의 슬픈 전설이 두견이라는 새 이름에 연결된 것도 아마 구슬프고 쓸쓸한 울음소리 때문일 것이다. 이것이 우리나라의 접동새 설화와도 연결되는 것도 우연은 아닐 것이다.

　　　접동새 설화는 아들 아홉과 딸, 그리고 계모가 등장한다. 계모가 딸을 몹시 미워하여 늘 구박했고, 결국 딸은 계모의 구박을 못 이겨 갑자기 죽었다. 아홉 오라비들이 슬퍼하면서 계모를 불 속에 밀어 넣었는데, 계모가 까마귀가 되어 날아갔다. 죽어서 접동새가 된 처녀는 밤이면 오라비들을 찾아와 울었다. 접동새가 밤에만 다니는 까닭은 까마귀가 죽이려 하므로 무서워서 그런 것이라고 한다.

　　　그런데 두견은 낮이나 밤이나 가리지 않고 우는 새이다. 그래서 접동사가 밤에만 다니고 우는 새라면 이것은 두견이라기보다는 소쩍새에 더 가깝다고 한다. 우리말 접동새는 때로는 두견이라고 불리지만 실제는 소쩍새이기도 하고, 또 때로는 소쩍새인 것처럼 보이지만 두견을 가리키기도 해서 혼동을 일으킨다.

　　　현대국어 '두견'은 17세기 후반 『역어유해(譯語類解)』에 '두견이'로 나타난다. 18세기 문헌에는 '두견'이 보이며, 19세기 자료에는 '두견, 두견이, 두견시, 두견새' 등이 다양하게 나타난다.

　　　杜鵑 두견이 寒火虫 두견이 〈역어유해(1690) 下:28a〉 / 홀

노 이곳의 ㄱ장 성ᄒᆞ고 솔 ᄉᆞ이예 홀연이 두견의 소리롤 드
ᄅᆞ니 〈을병연행록(18세기) 9〉 / 杜鵑 두견 〈방언유석(1778) 亥部方
言:11b〉 / 두견 杜鵑 〈왜어유해(1781) 下:21a〉 / ᄶᅩ 두견새 울믈 드
ᄅᆞ니 〈고문진보〉 / 두견 杜鵑 두견이 杜鵑 솟젹다 솟텡〈한불자
전(1880)〉 / 두견시 杜鵑鳥〈한불자전(1880)〉 / 두견시 杜鵑〈국한
회어(1895)〉 / 두견새 杜鵑〈한영자전(1897)〉 / 鵑 두견 견〈역대천
자문(1910) 20a〉 / 두견(杜鵑) 名 動 접동새〈조선어사전〉 두견-새
名 動 접동새〈조선어사전〉

현대국어 '두견' 뒤에도 접미사 '-이'나 명사 '새'가 결
합한 형태인 '두견이'나 '두견새'가 사용된다. 이는 아마도 꽃이름
으로 쓰이는 '두견'과 구별하여 새 이름이라는 것을 분명히 하기
위해서일 것이다. 꽃이름으로 쓰이는 '두견'은 18세기 문헌에 이
미 꽃이라는 것을 분명히 하기 위해 '화(花)'가 결합된 '두견화'라는
형태가 보인다.

묏 우히 힝화와 두견이 ㄱ득이 픠여 서ᄅᆞ 비최니 두견

은 이곳 사룸이 영산홍이라 일콧는지라〈을병연행록(18세기) 9〉/ 틈틈이 것구러진 솔과 불근 두견이 의연이 흔 댱 그림이오〈을병연행록(18세기) 9〉 / 두견화 杜鵑花〈왜어유해(1781) 下:29b〉 / 香氣花 두견화〈몽어유해(1790) 下:37b〉 / 두견화 뛰거든 빅미 서 말 졈미 서 말〈규합총서(1869)〉, 두견화 杜鵑花 진달니〈한불자전(1880)〉 / 두견화 杜鵑花〈국한회어(1895)〉 / 두견화 杜鵑花 ->진달네〈한영자전(1897)〉 / 두견 (杜鵑) 名 植 진달래〈조선어사전〉

다음으로, '뻐꾸기'라는 이름의 유래와 다른 이명들에 대해 문헌자료를 살펴보자.

『본초강목』에서 '鳲鳩(시구)'를 표제어로 하여 '布穀〈列子〉, 鴶鵴, 獲穀〈爾雅注〉, 郭公' 등과 같다고 하였다. 진장기는 '포곡(布穀)은 시구(鳲鳩)이다. 강동(江東) 지역에서는 호곡(獲穀)이라 부르고 곽공(郭公)이라고도 한다. 북쪽 지역 사람들은 발곡(撥穀)이라 한다.'고 하였다. 이시진은 '포곡은 이름이 많은데, 모두 그 소리가 비슷하기 때문에 그렇게 부른다. 민간에서 아공아파(阿公阿婆), 할

맥삽화(割麥揷禾), 탈각파고(脫却破褲)라 부르는 것들은 모두 그 새
가 울 때 농사의 징후로 삼을 수 있기 때문일 뿐이다. 혹은 시구(鳲
鳩)는 『예기(禮記)』「월령(月令)」에 나오는 명구(鳴鳩)인데, 시(鳲) 자
는 명(鳴) 자가 와전된 것이라고 하니, 역시 통한다. 『금경(禽經)』 및
『방언(方言)』에 모두 시구는 바로 대승(戴勝)이라고 하였지만, 곽박
(郭璞)은 아니라고 하였다.'라고 하였다. 따라서 『본초강목』에서는
'鳲鳩'의 여러 이명은 울음소리를 지역별로 다르게 표현했기 때문
이라고 설명하고 있음을 알 수 있다.

　　　유희의 『물명고』에는 '鳲鳩(시구)'는 '鷂(요)'와 비슷한데
꼬리가 기니 우리말로 '뻐꾸기'이다. '布穀(포곡), 鵠鵴(길국), 獲穀(획
곡), 郭公(곽공), 撥穀(발곡), 阿公(아공), 阿婆(아파), 割麥(할맥), 揷禾(삽
화), 脫却破袴(탈각파고)〈본초강목〉, 買䨐(매궤)〈역어유해〉'는 모두 '鳲鳩
(시구)'와 같은 말이다. '家家撒穀(가가살곡), 家家脫袴(가가탈고), 家家
斵磨(가가착마)'는 '布穀(포곡)'이 우는 소리이다.

　　　정학유의 『시명다식』에서는 『시경』에는 '鵓鳩(발구, 비
둘기), 鶻鳩(골구, 산비둘기), 鳲鳩(시구)'라는 세 종류의 鳩가 있다고
하였다. '鳲鳩(시구)'는 '布穀(포곡)'이라고 하였다.

본초강목-사고전서본   본초강목-대만본

삼재도회   왜한삼재도회

현대 국어 '뻐꾸기'의 옛말인 '버국새'는 15세기 문헌에서부터 나타난다. 이 단어는 16세기부터 첫음절에 'ㄱ'이 첨가된 '벅국새'가 쓰이다가 19세기부터는 첫음절이 경음화를 겪어 '뻑국새'가 되었다. 20세기에 들어오면서 '새' 대신에 명사화 접미사 '-이'가 결합되어 이루어진 것으로 보인다.

> 鳲 버국새 시 〈훈몽자회(1527)상:9a〉 / 布穀 벅국새 〈동의보감(1613) 1:40b〉 / 비 믈로믈 슬ㄴ니 버국새ᄂ 곧마다셔 봄곡식 심고믈 뵈아ᄂ다 〈두시-중(1632) 4:19b〉 / 布穀 벅국새 〈역어유해보(1775)47b〉 布穀 벅국새 〈방언유석(1778) 해부:11b〉 / 뻑국새 鶡鴡鳥 〈국한회어(1895)〉 / 벅국새 布穀 〈몽유편(1810)상:16a〉 / 법국새 杜鵑 〈한불자전(1880)〉 / 뻑국새 鶡鴡鳥 布穀 鳩鍾 〈국한회어(1895)〉

우리말 뻐꾸기에 해당하는 한자어는 鳲, 布穀, 杜鵑, 鳩鍾, 鶡鴡鳥 등이 사용되었고, 현대국어 '뻐꾸기'는 '버국새〉벅국새〉뻑국새〉뻐꾸기'의 형태 변화를 거쳐 정착했다.

조선 중기 권필(權韠, 1569~1612)의 '布穀(포곡)'이라는 시가 있다. 임진왜란 당시 뻐꾸기가 하루 종일 씨 뿌리라고 울어대지만, 막상 마을에는 씨를 뿌릴 장정이 한 명도 없었다. 씨를 뿌려야 하는 걸 몰라서 안 뿌리는 것이 아닌데 그런 인간의 속을 알리 없는 뻐꾸기는 자꾸만 씨를 뿌리라고 운다는 내용이다.

布穀布穀　　뻐꾹뻐꾹(씨 뿌려라 씨 뿌려라)

布穀聲中春意足　뻐꾹새 울음 속에 봄은 무르익었는데

健兒南征村巷空　사내들은 전쟁 나가 시골 동네 텅 비었네

落日唯聞寡妻哭　저물녘엔 들리느니 과부의 울음소리

布穀啼 誰布穀　씨 뿌려라 울지만 누가 있어 씨 뿌리나

田園茫茫烟草綠　들판엔 아득하게 풀빛만 자욱해라

뻐꾸기와 같은 말인 한자어 '布穀(포곡)'은 뻐꾸기의 울음소리를 표현하는 의성어인 동시에 봄이 왔음을 알리는 표지가 되고, "씨를 뿌려라"라는 의미도 가진다. 이렇게 한자를 통해 다양한 의미를 내포할 수 있다는 점이 한자어의 장점이라고 할 수 있다.

흔히 한자어 두견(杜鵑)의 우리말로 이야기하는 '접동새'는 표준국어대사전에서 두견의 유의어가 아니라 "두견의 경남 방언"으로 처리되어 있다. '접동새'라는 표제어가 있기는 하지만, 뜻풀이에는 "김소월의 접동새라는 시의 제목"이라고 설명하고 있다. 앞서 접동새 설화에 대해서 언급했지만, 그 설화를 모티브로 하여 김소월은 접동새라는 제목의 시를 남겼다.

접동새

접동
접동
아우래비 접동
진두강 가람가에 살던 누나는
진두강 앞마을에
와서 웁니다.

옛날 우리나라

먼 뒤쪽의

진두강 가람가에 살던 누나는

의붓어미 시샘에 죽었습니다.

누나라고 불러보랴

오오 불설워

시샘에 몸이 죽은 우리 누나는

죽어서 접동새가 되었습니다.

아홉이나 남아도는 오랍동생을

죽어서도 못 잊어 차마 못 잊어

야삼경 남 다 자는 밤이 깊으면

이 산 저 산 옮겨가며 슬피 웁니다.

　　　'접동 접동 아우래비 접동'이라는 접동새의 서글픈 울음소리로 시작되는 이 시에서 '접동새'는 죽은 누나를 표상한다. 누나는 어디든 날아갈 수 있는 접동새가 되었지만, 아홉 동생들을 떠나지 못하고 그 곁을 맴도는 존재이다. 여기서 접동새는 자유롭지만 결코 자유로울 수 없는 존재로 그려져 있다.

　　원래 접동새는 고려가요 정과정곡(鄭瓜亭曲)에 처음 등장한다. 정서(鄭敍)가 지은 이 노래는 『악학궤범』에 수록되어 전해진다.

　　　　내님믈 그리ᅀᆞ와 우니다니

　　　　山 접동새 난 이슷ᄒᆞ요이다

　　　　아니시며 거츠르신돌 아으

　　　　殘月曉星이 아ᄅᆞ시리이다

　　　　넉시라도 님은 ᄒᆞᆫ디 녀져라 아으

　　　　벼기더시니 뉘러시니잇가

　　　　過도 허믈도 千萬 업소이다

　　　　믈힛 마러신뎌

　　　　ᄉᆞᆯ읏브뎌 아으

　　　　니미 나롤 ᄒᆞ마 니ᄌᆞ시니잇가

　　　　아소 님하 도람 드르샤 괴오쇼셔

　　여기서 임을 그리워하며 울고 있는 시적화자의 모습이
산에 사는 접동새와 비슷하다고 하였다. 『고려사』 악지에 따르면
이 노래를 지은 정서는 인종과 동서지간으로서 오랫동안 왕의 총
애를 받은 인물인데, 의종이 즉위한 뒤 참소를 받아 고향인 동래로
유배되었다. 의종은 머지않아 다시 소환하겠다고 약속했으나 오래
기다려도 소식이 없었다고 한다. 이에 정서는 거문고를 잡고 이 노
래를 불렀고, 정서가 귀양에서 풀려난 것은 무신란이 일어나 명종
이 즉위하고 나서였다고 한다. 정서의 호를 따서 후세 사람들이 이
노래를 '정과정'이라 하였다고 하며, 유배지에서 신하가 임금을 그
리워하는 정을 절실하고 애달프게 노래하였다 하여 '충신연주지사
(忠臣戀主之詞)'로 널리 알려졌다. 이 노래를 이제현은 「소악부(小樂
府)」라 하여 칠언절구의 한시로 그 뜻을 풀이하였다.

憶君無日不霑衣　政似春山蜀子規
爲是爲非人莫問　只應殘月曉星知
님을 생각하여 옷을 적시지 않을 때 없으니
봄철 산 속의 접동새와 같도다

옳고 그름을 사람들이여 묻지 말라

지는 달과 새벽별만은 알아 주겠지

여기서 접동새를 蜀子規(촉자규)로 옮긴 것을 확인할 수 있다. '두견(杜鵑)'이라는 새 이름 그대로 제목이 된 시도 있다. '모란이 피기까지는'이라는 시로 유명한 김영랑의 '두견'이 그것이다.

두견(杜鵑)

울어 피를 뱉고 뱉은 피 도로 삼켜

평생을 원한과 슬픔에 지친 적은 새

너는 너른 세상에 설움을 피로 새기러 오고

네 눈물은 수천세월을 끊임없이 흐려놓았다

여기는 먼 남쪽땅 너 쫓겨 숨음직한 외딴 곳

달빛 너무나 황홀하여 후젓한 이 새벽을

송기한 네 울음 천길바다 밑 고기를 놀래고

하늘가 어린 별들 버르르 떨리겠고나

몇 해라 이 삼경에 빙빙 도—는 눈물을

씻지는 못하고 고인 그대로 흘리었느니

서럽고 외롭고 여윈 이 몸은

퍼붓는 네 술잔에 그만 짓눌렸으니

무섬증 드는 이 새벽까지 울리는 저승의 노래

저기 성(城) 밑을 돌아나가는 죽음의 자랑찬 소리여

달빛 오히려 마음 어둘 저 흰등 흐느껴 가신다

오래 시들어 파리한 마음마저 가고지워라

비탄의 넋이 붉은 마음만 낱낱 시들피나니

짙은 봄 옥 속 춘향이 아니 죽었을라디야

옛날 왕궁을 나신 나이 어린 임금이

산골에 홀히 우시다 너를 따라 가셨더라니

고금도 마주 보이는 남쪽 바닷가 한 많은 귀향길

천리망아지 얼렁소리 쉰 듯 멈추고

선비 여윈 얼굴 푸른 물에 띄웠을 제

네 한(恨)된 울음 죽음을 호려 불렀으리라

너 아니 울어도 이 세상 서럽고 쓰린 것을
이른 봄 수풀이 초록빛 들어 물 내음새 그윽하고
가는 댓잎에 초생달 매달려 애틋한 밝은 어둠을
너 몹시 안타까워 포실거리며 훗훗 목메었느니
아니 울고는 하마 죽어 없으리 오! 불행의 넋이여
우지진 진달래 와직 지우는 이 삼경의 네 울음
희미한 줄산(山)이 살풋 물러지고
조그만 시골이 흥청 깨어진다

　　이 시는 흔히 우리가 알고 있던 김영랑의 시들과 비교
할 때 처연하게 느껴져 약간 결이 다른 느낌을 준다. 봄밤 피를 토
하며 서럽게 우는 두견을 소재로 하여 마치 저승의 노래처럼 들리
는 두견의 울음소리를 통해서 자신의 원한과 슬픔을 노래하고 있
다. 이렇게 두견의 울음소리를 통해 현실적 삶의 암담함과 비탄함
을 노래한 시는 우리 민족의 전통적인 정서인 한(恨)의 정서와도 맥
이 닿아 있다. 두견이 시의 중요한 모티브로 쓰인 작품으로 서정주
의 '귀촉도(歸蜀途)'도 빠뜨릴 수 없다.

귀촉도(歸蜀途)

눈물 아롱아롱

피리불고 가신 임의 밟으신 길은

진달래 꽃비 오는 서역(西域) 삼만리

흰 옷깃 여며여며 가옵신 임의

다시 오진 못하는 파촉(巴蜀) 삼만리

신이나 삼아줄걸, 슬픈 사연의

올올이 아로새긴 육날 메투리.

은장도 푸른 날로 이냥 베어서

부질없는 이 머리털 엮어 드릴걸.

초롱에 불빛 지친 밤하늘

구비구비 은핫물 목이 젖은 새.

차마 아니 솟는 가락 눈이 감겨서

제 피에 취한 새가 귀촉도 운다.

그대 하늘 끝 호올로 가신 임아.

이 시는 다시 돌아올 수 없는 죽음의 길을 떠난 임을 향한 정한(情恨)과 슬픔을 처절하게 노래한 시로, 떠난 임에 대해 여인이 느끼는 회한과 슬픔이 애절하게 노래하고 있다. '귀촉도(歸蜀道)'는 '두견(杜鵑)'의 다른 이름으로, 앞에서도 언급했듯이 새 이름이기도 하지만, 대표적인 봄꽃 진달래의 또 다른 이름이기도 하다. 진달래 꽃비 맞으며 떠난 임의 부재(不在)를 통해 우리 민족의 고유한 정서인 한(恨)의 미학을 표현하고 있는 작품이다. 이렇게 두견새와 진달래꽃은 문학 작품에서 우리 민족의 한을 표현하고 상징하는 단골 소재였다. 이러한 점에서 두견과 접동새는 연결되었을 것이다. 설사 여러 문학작품에서 이야기하는 접동새나 두견이, 중국에서 말하는 두견이나 생물학적 분류상 두견과 완전히 일치하는 새가 아니더라도 중국 두우의 한 맺힌 정서가 연상되면서 두견으로 불리게 되었을 것이다.

한국어와 중국어는 두견(杜鵑) 또는 두견새로 동일한 명칭을 사용하고 있다. 일본어는 時鳥·子規·杜鵑·不如帰·郭公 등 다양한 명칭으로 쓰인다.

〈한국어〉두견(杜鵑) / 뻐꾸기   dugyeon / bbeogguki

〈중국어〉杜鵑(鸟) / 大杜鵑   dùjuān(niǎo) / tadùjuān

〈일본어〉ほととぎす[時鳥・子規・杜鵑・不如帰]

　　　　hototogisu / カッコウ[郭公] kakkō

〈베트남어〉鵑 / - quyên / tu hú

'두견'은 베트남어로 quyên 또는 chim quyên이다. 이
때 chim은 베트남 고유어로 "새"를 의미한다. 'quyên'은 한자 '鵑
(견)'에 해당한다. '뻐꾸기'는 베트남에서 울음소리를 유래한 tu hú
가 쓰인다.

　　　일본어 관용구 중 '뻐꾸기가 운다(閑古鳥が鳴く)'라는
표현이 있다. 뻐꾸기 소리가 다 들릴 정도로 쓸쓸하고 적막한 모
양새를 나타내는 말인데, 특히 한국어의 '파리 날린다'는 말과 같
은 의미로 장사가 잘 되지 않는 상황을 표현할 때 많이 사용된다.

　　　뻐꾸기는 뻐꾹뻐꾹 우는 소리가 특징이다. 뻐꾸기의
영어 이름인 'cuckoo'는 중세 프랑스어인 'cucu'가 변형된 것이라
고 한다. 현대 프랑스어로는 같은 발음으로 'coucou'로 표기되며,

'cucu'는 현대 프랑스어로 '퀴퀴'라고 읽는다. 울음소리를 표현한 이름이기 때문에 발음이 상당히 유사함을 알 수 있다.

1962년 켄 키지(Ken Kesey)가 발표한 소설 『뻐꾸기 둥지위로 날아간 새(One Flew Over the Cuckoo's Nest)』는 잭 니콜슨 주연의 영화로 만들어지기도 했다. 뻐꾸기를 뜻하는 'cuckoo'는 미국에서 속어로 "미친, 정신 나간"의 의미가 있다고 한다. 그래서 'go cuckoo'라고 하면 "미치다"라는 뜻이 되고, 이 소설 제목에 나오는 뻐꾸기 둥지도 배경이 되는 정신병원을 표현한 것이다.

4. 학(鶴)과 두루미

학(鶴)은 우리나라 500원 짜리 동전에 그려져 있는 새이고, 화투의 1월 광(光)에도 그려져 있어서 한국인이라면 대체로 그 모습을 떠올릴 수 있는 익숙한 새이다.

학과 두루미는 같은 새를 가리키는 이름이다. 한자어인 '학(鶴)'과 고유어인 '두루미'가 서로 대응을 이루는 것이다. 이렇게 학과 두루미가 동일한 대상을 가

작자미상. 대나무와 학
국립중앙박물관소장

리키는 이름이지만, 실제 실물을 생활 속에서 자주 볼 수 없다 보니 학의 우리말 이름이 두루미이라는 생각을 못하고, 각각 다른 새를 가리키는 것으로 알거나 학의 한 종류가 두루미라고 알고 있는 사람도 의외로 많다.

두루미는 두루미목 두루밋과의 새로, 몸의 길이는 1.4미터, 편 날개의 길이는 2.4미터, 부리는 15~17cm이며, 몸은 흰색이고 이마・목・다리와 날개 끝은 검은색이다. 머리 위에 살이 붉게 드러나 있으며 부리는 녹색이다. 풀밭에 주로 살며 겨울 철새로 한국, 일본, 중국 등지에서 겨울을 보내고 시베리아에서 번식한다. 천연기념물 제202호로 지정하여 보호 중이다.

우리나라에 찾아오는 두루미 무리 중에서는 두루미와 재두루미가 거의 전부를 차지하고, 그 밖에 검은목두루미, 흑두루미, 시베리아흰두루미 3종도 한반도를 방문한다. 강원도 철원에는 재두루미와 흑두루미 700여 마리가 매년 찾아와 월동한다. 안타깝게도 모두 멸종될 위기에 처한 종(endangered species)들이다.

학명은 Grus japonensis로, 라틴어로 두루미를 뜻하는 'grus'와 처음 발견된 기산지를 뜻하는 '-ensis'가 결합한

'japonensis'는 "일본"을 뜻한다. 이 학명은 1776년 독일의 동물학자가 명명한 것인데, 당시 일본 큐슈나 혼슈에서 겨울을 나는 두루미를 보고 명명한 것이다.

국어사전에서는 두루미를 대표 표제어로 삼고, 유의어로 학을 비롯하여 노금(露禽), 백두루미, 백학(白鶴), 선금(仙禽), 선어(仙馭), 선학(仙鶴), 야학(野鶴), 태금(胎禽) 등을 들고 있다.

『본초강목』에서 '鶴'을 표제어로 삼고, '仙禽, 胎禽'과 같다고 하였다. 학(鶴)자는 전서(篆書)에서 긴 대가리와 짧은 꼬리의 모양을 본떴다. 혹은 색이 희고 깨끗하기 때문에 이름 지어졌다. 팔공(八公)의 『상학경(相鶴經)』에서는 학은 조류 가운데 으뜸으로, 선인(仙人)이 타고 다니며, 1600살이 되어야 새끼를 낳는다고 하였다. 그러므로 태(胎)나 선(仙)으로 학을 지칭하기도 한다고 하였다.

유희의 물명고에서 '鶴'은 우리말로 '두루미'라고 하고, 선금, 로금, 태금, 개조와 같다. '陰羽(음우)'는 두루미의 깃이다. '唳(려)'는 두루미가 우는 것이다. '淋滲(림삼)'은 털에 윤이 나는 모양이다. '鷟鸬(자로)'도 두루미를 이르는 말이다.

우리나라에서는 학, 곧 두루미를 장수·행운·평화와

고매한 기품·기상을 나타내는 새로 섬긴다. 여러 평범한 사람 가운데 뛰어난 한 사람을 비유적으로 일러 "뭇 닭 속의 봉황이요 새 중의 학 두루미다"라고 한다. 높은 고층건물을 지을 때 긴 팔을 쭉 벌리고 있는 기중기(起重機)도 두루미를 닮았다 해 크레인(crane)이라 부른다.

　　　서양에서는 두루미를 'red-crowned crane(정수리에 붉은 관을 인 새)'라고 하는데 중국에서도 같은 뜻으로 단정학(丹頂鶴: 붉을 丹 정수리 頂 학 鶴)이라 한다. 한국어에서도 머리 정수리에 붉은 색이 있어서 단정학이라고 불리기도 하지만, 표준국어사전과 우리말샘에는 '단정학'이 '학'과는 별도의 표제어로 등재되어 있으며, 풀이도 "붉은 볏을 가진 학"이라고만 풀이하고 있다. 다행히 고려대한국어대사전에는 '학'과 같은 말로 설명하고 있다.

본초강목-사고전서본　　　　본초강목-대만본

삼재도회　　　　　　왜한삼재도회

학과 비슷하게 생긴 것 중에 황새가 있다. 황새는 체형이나 몸 색깔이 비슷하지만 황새목에 속하기 때문에 학과는 전혀 다른 새이다. 또 황새는 목 색깔이 희고 붉은 턱주머니가 있으며 나무에 둥지를 튼다는 점이 두루미와 차이점이다. 이러한 차이점에도 불구하고, 크기나 흰색의 몸 색깔이나 기다란 목 등 공통점 때문에 '학'은 경상 지역에서 '황새'라고도 불린다. 유희의 물명고에서 '鸛(관)'은 우리말로 '한새'이고, '조군, 부부, 흑고'와 같다고 하였다.(鸛 한새 皁君 負釜 黑尻 쇼)

현대 국어 '황새'의 옛말은 '한새'로 16세기 문헌에서부터 나타났다. '한새'는 "크다"의 의미를 지닌 형용사 '하-'에 관형사형어미 '-ㄴ', 명사 '새'가 결합한 합성어이다. '한새'는 19세기에 '황새'로 변화하면서 "크다"라는 의미의 '한'과의 연관성을 파악하기 어렵게 되었다. '한새'가 '황새'가 된 것은 '한쇼'가 '황소'가 된 것과 동일한 현상이다.

본초강목-사고전서본   본초강목-대만본

삼재도회   왜한삼재도회

두루미와 황새가 서로 혼동되는 탓에 이솝우화 중 《The fox and the stork》는 흔히 '여우와 두루미'로 번역되지만, '여우와 황새'로 번역되기도 한다.

학은 일생 동안 일부일처로 살아서 돈독한 부부애와 정절을 지키는 새이다. 키가 큰 편이고, 날개를 펴면 2미터를 넘으며, 몸무게는 거의 10kg이나 나가지만, 몸집에 비해 유난히 머리는 작고, 목과 다리가 유별나게 시원하게 뻗어있다. 그래서 외양이 우아하고 고고하며, 단아하고 세련되게 보이는 멋쟁이 새이다.

학의 외양에서 유래된 말로, 학수(鶴首) 또는 학수고대(鶴首苦待)가 있다. 학의 목처럼 목을 길게 빼고 오매불망 간절히 기다리는 것을 학수 또는 학수고대라고 한다.

그리고 흔히 오래 사는 것을 가리켜 학수를 누린다고 한다. '학수(鶴壽)'를 누린다는 말은 학처럼 오래 산다는 뜻이다. 또 군계일학(群鷄一鶴)은 닭의 무리 가운데에서 한 마리의 학이란 뜻으로, 많은 사람 가운데서 뛰어난 인물을 이르는 말이다. 이 성어는 『진서(晉書)』의 「혜소전(嵇紹傳)」에 나오는 말이다. 진서(晉書) 혜소전(嵇紹傳)에, 죽림칠현(竹林七賢) 중 하나인 혜강(嵇康)의 아들 혜

소(嵆紹)가 비서승(秘書丞)으로 등용되어 낙양(洛陽)으로 가던 날, 그
의 모습을 지켜보던 이가 '어제 구름같이 많은 사람들 틈에 끼어
서 궁궐로 들어가는 혜소를 보았는데, 그 모습이 의젓하고 늠름하
여 마치 닭의 무리 속에 있는 한 마리의 학 같았습니다[昻昻然如 野
鶴之在 鷄群一鶴].'라고 하였다. 바로 여기서 군계일학이라는 성어가
유래된 것이다.

학은 신선이 타고 다니는 새로 알려져 있다. 그래서
'승학(乘鶴)', '승학하다'라는 단어
도 있다. 학을 타고 하늘로 올라
간다는 뜻으로 신선이 됨을 비유
적으로 이르는 말이다.

옛날에 전투를 수행
하고자 진을 치는 방법에 학익진
(鶴翼陣)이란 것도 학과 관련된 말
이다. 학이 날개를 펼친 형태의
진법으로 반원 꼴로 군사들이 대
오(隊伍)를 이루는 것으로, 이는 적

〈우수영전진도첩(右水營戰陣圖
帖)〉 중 학익진도 충무사 소장

을 포위하면서 공격하기 적합한 진이다. 이에 비해 안익진(雁翼陣)이란 것은 기러기 무리가 나는 모양을 본뜬 것으로 전면 중앙에 있는 부대를 중심으로 다른 부대가 좌우대칭으로 빗금 꼴을 이루는 진의 형태를 말한다.*

이상 한자어나 성어를 살펴보면, 모두 두루미라는 이름이 아니라 한자어인 '학(鶴)'이라는 이름을 사용하고 있음을 알 수 있다. 우리말 '두루미'와 한자어 '학(鶴)'은 다른 새 이름과는 달리 두 유의어가 서로 비슷한 세력을 유지하면서 공존하고 있는 명칭이다. 그 이유는 아마도 두 어휘의 용법이 분화되어 있기 때문인 듯하다. 즉 한자어 '학'은 성어나 한자어에 사용되면서 전통적으로 상징적인 의미를 유지하고 있다. 반면, 두루미는 생물학적 속명이기 때문에 공식적인 명칭으로 사용되고, '재두루미, 흑두루미'와 같은 하위어들의 명칭에 사용되고 있다.

우리말 '두루미'는 국어사 자료에서 찾아볼 수 있다. '두

---

* 권오길, [권오길이 쓰는 생명의 비밀]기중기(크레인)도 두루미(crane)를 닮았다, 월간중앙 2019년 04호(2019.03.17)

루미'는 15세기부터 현대국어와 동일한 형태로 등장한다. 17~18세
기에 '두로미'라는 표기가 나타나 '두루미'와 공존하지만, 이후 '두
루미'로 고정된다.

白鶴은 힌 두루미라 〈월인석보(1459) 7:66a〉 / 두루미 즈

〈훈몽자회(1527) 상:9a〉 / 白鶴 두루미 〈동의보감(1613) 1:39a〉 /

鷺鷿 두로미〈역어유해(1690) 하:26b〉 / 로즈 鷿鷺 두루미 즈 鷺

〈왜어유해(1781) 하:20b〉 / 鷺鷿 두로미〈방언유석(1778) 해부:11a〉

/ 두루미 鵰〈한불자전(1880)〉

고려청자상감운학문매병   운학문 확대
국보68호.간송미술관소장

　　동양에서 두루미는 신선이 타고 다니는 새로 천년을 사는 것으로 알려져 장수를 상징한다. 그래서 죽지 않거나 오래 사는 열 가지 사물을 뜻하는 십장생(十長生)에 두루미가 포함된다. 십장생은 중국 신선(神仙) 사상에서 유래한 것으로, 해, 산 , 물, 돌, 소나무, 달 또는 구름, 불로초, 거북, 학, 사슴을 말하는데, 대나무가 포함되기도 한다. 10가지가 모두 오래 사는 것들로 자연숭배의 대상이었으며, 원시신앙과도 일치하였다. 옛 사람들은 십장생을 시문(詩文) ·그림 ·조각 등에 많이 이용하였는데, 고구려 고분 벽화에 부분적으로 나타난다고 한다. 이렇게 학은 선비의 고매한 기품과 기상을 상징해서 공예품, 그림, 시, 복식 등의 소재로 사용되었다. 학이 문양으로 쓰이는 것을 학문(鶴紋)이라고 하고, 구름과 학이 함께 문양으로 쓰인 것은 운학문(雲鶴紋)이

학창의 입은 김재덕 초상화
국립민속박물관소장

쌍학흉배를 붙인 단령을 입은 강
세황 초상화
국립중앙박물관소장

라고 한다.

선비나 문신의 옷에
도 학은 자주 사용된다. 조선시
대 때 학자들이 평상시에 입던
학창의(鶴氅衣)는 학의 모습을 본
떠 만든 옷이다. 창의란 곧은 깃
에 소매가 넓고, 뒷중심선 허리
아래로 긴 뒤트임이 있는 남자들
이 입는 겉옷을 말한다. 흰 바탕
의 창의에 깃과 소맷부리, 도련
부분의 둘레를 검은색으로 둘러
학과 같이 깨끗하고 기품 있는 선비의 기상이 돋보이도록 하였다.

또 조선시대에는 문무관의 관복의 가슴 부분에 흉배
(胸背)를 부착하였는데 문관은 학을, 무관은 호랑이를 각각 품계에
따라 다르게 부착하였다. 학은 고고한 학자를 상징하여 문관이 학
흉배(鶴胸背)를 사용하고, 호랑이는 용맹을 상징하여 무관이 호흉
배(虎胸背)를 사용하였다. 문관 중에서도 당상관은 학 두 마리를 수

놓아 쌍학흉배, 당하관은 한 마리를 수놓아 단학흉배(외학흉배)를 부착하였다.

현대문학 작품에도 학은 중요한 상징물로 등장한다. 황순원의 대표작 중에 '학'이라는 제목의 소설이 있다. 대표적인 전후(戰後) 소설 중 하나인 학은 유년시절 한 마을에서 자란 단짝 친구 사이인 두 주인공이 이념 갈등이 심했던 시대 상황으로 인해 한 친구가 다른 친구를 포승줄로 묶어 연행하게 된다. 연행 도중 죄없이 이용당한 친구의 사정을 듣게 되면서 어린 시절 둘이 함께 했던 학 사냥의 기억을 되살리며 친구를 풀어주게 되는 이야기다. 이 소설은 이념의 분단이 빚은 인간성의 파괴와 상실을 사랑과 우정과 같은 순수한 인간관계로 회복하고자 하는 의도가 녹아 있다. 이 이야기에서 학은 어린 시절 두 친구의 우정과 추억을 상징하기도 하고, 소중한 생명이나 우리 민족을 상징하기도 한다. 작품 마지막에서 높푸른 가을하늘을 유유히 나는 단정학(丹頂鶴)을 통해서 전쟁과 이념이 낳은 민족의 분열이 우정이나 순수한 인간애를 궁극적으로 파괴할 수 없다는 휴머니즘을 표현하고 있다. 학은 이렇게 고결한 이미지 때문에 우리나라 사람들의 특별한 애착을 받는 길조이다.

　　　학도요와 같은 새 이름이나 학꽁치와 같은 물고기 이름에 '학'이 보이는 경우가 있다. 이는 학의 중요한 특징 중 하나인 가늘고 긴 부리 모양 때문에 붙은 이름이다.

학꽁치

학도요

　　　동아시아 한자문화권에서 학(鶴)은 모두 지금까지 사용된다. 물론 그 쓰임이 약화되어 다른 어휘를 더 자주 사용하는 경우도 있다. 한국어의 경우 한자어인 학과 고유어인 두루미가 모두 쓰는데, 베트남어 역시 鶴에 해당하는 hạc와 고유어 sếu를 함께 사용한다. 중국도 전통적으로 鶴을 사용하기는 하지만, 丹顶鶴을 더 많이 사용한다. 일본 역시 丹頂을 사용한다. 각 언어권별로 표기와 발음을 제시하면 아래와 같다.

<한국어>두루미 / 학(鶴)   durumi / hak

<중국어>丹顶鶴   dān dǐng hè

<일본어>丹頂 / 鶴   tanzyu / tsuru

<베트남어>鶴   hạc / sếu

일반적으로 두루미라는 새를 지칭하는 이름은 두루미의 울음소리에서 유래한 것으로 본다. 한국어 두루미를 비롯하여 라틴어 grus, 일본어로 tsuru, 모두 울음소리에서 유래된 것이다. 학은 요즘 한국에서는 보기 쉽지 않은 귀한 겨울 철새지만, 일본에서는 텃새화된 새이다. 홋카이도 지역에만 약 1500마리가 서식하고 있을 정도이다. 12세기 가마쿠라 막부시대부터 학 고기 요리가 왕족과 막부 등 최상류층의 식탁에 올랐다고 한다. 또 학의 다리는 일본 최상류층의 지팡이로 쓰였으며 천 마리 종이

학을 선물로 주는 오랜 풍습도 있다. 학은 천엔권 뒷면과 일본항
공(JAL)의 공식 로고이자 심벌로 '츠루마루(鶴丸)'가 쓰이며, 높은
고도를 비행하는 것을 상징한다.

5. 홍안(鴻雁)과 기러기

현대인들에게 '기러기'라고 하면 가장 먼저 떠오르는 말이 '기러기 아빠'라는 말일 것이다. 그렇지만 원래 '기러기'는 금슬 좋은 새로 알려져 있으며, 전통 혼례 때 중요하게 사용된 예물이었다. 요즘도 폐백상에 빠지지 않고 올라가는 것이 나무로 만든 기러기이다.

기러기는 오릿과에 딸린 철새를 통틀어 이르는 말이다. 오리와 비슷하게 생겼지만 목이 길고 다리가 짧으며, 강이나

바다, 늪 주변에 산다. 가을에 한국에 와서 봄에 시베리아, 사할린,
알래스카 등지로 가는 겨울 철새이다.

전세계에 14종이 알려져 있으며, 우리나라에는 흑기
러기·회색기러기·쇠기러기·흰이마기러기·큰기러기·흰기러기·
개리 등 7종이 기록되어 있다. 흑기러기, 회색기러기, 흰기러기,
흰이마기러기 등은 색상을 나타내는 말이 명명에 참여한 것이다.
큰기러기와 쇠기러기는 몸집의 크기에 따라 명명된 것이다. '쇠기
러기'의 '쇠-'는 '쇠딱따구리, 쇠뜸부기' 등에서와 같이 '작음'을 지
시하는 접두사로 사용되었기 때문에 '쇠기러기'는 '작은 기러기'
를 뜻한다.* 큰기러기와 쇠기러기는 몸 길이가 10cm 정도 차이가
난다고 한다. 개리는 영어로 'Swan goose'라고 한다.

기러기의 학명은 Anser spp.이다. 종명인 Anser는 라
틴어로 "기러기"라는 뜻이고, spp.는 복수의 종소명으로 특정할
수 없다는 뜻이다. 즉, Anser spp.이라는 학명은 "기러기속(Anser)

---

* 조항범, [조항범 교수의 어원 이야기] 기러기, 문화일보 2018년
10월 26일자 연재글.

의 어떤 종”이라는 의미이다. 우리나라에 오는 기러기는 쇠기러기가 많은데, 쇠기러기의 학명은 Anser albifrons이다. 종소명인 albifrons는 라틴어로 “흰 이마의”라는 뜻인데, 실제 기러기 앞이마 부분이 하얗다.

표준국어대사전에서는 우리말 ‘기러기’와 같은 의미를 가진 한자어유의어로 삭금(朔禽), 신금(信禽)이 등재되어 있고, 고려대 한국어대사전에서는 삭금(朔禽), 양조(陽鳥)가 제시되어 있다. 새를 나타내는 다른 한자어와 차이점이 있다면, 새를 나타내는 상위어인 ‘금(禽)’이나 ‘조(鳥)’가 새 이름의 후부(後部) 요소를 이루고 있다는 점이다. 한국민족문화대백과사전에서는 기러기를 한자로 보통 안(雁)이라고 하는데, 홍(鴻)·양조(陽鳥)·옹계(翁鷄)·사순(沙鶉)·가아(駕鵝)·육루(鵱鷜)·주조(朱鳥)·상신(霜信)·홍안(鴻雁)이라고도 불렸다고 되어 있다.

기러기를 나타내는 한자는 ‘雁(기러기 안)’인데, ‘厂(기슭 엄)’은 소리부이고, ‘人(사람 인)’과 ‘隹(새 추)’는 의미부이다. 고대인들은 기러기를 인간의 덕성을 갖춘 새로 생각해서 기러기가 결혼의 상징물로 쓰이기도 했다. 또 소리부로 쓰인 ‘厂’은 철새인 기러

기가 둥지를 트는 언덕이나 바위 기슭을 상징하여 독음 기능 뿐
아니라 의미도 함께 가진다. '雁'에서 '隹'는 '鳥(새 조)'로 바뀌어
'鴈'으로 쓰기도 한다.*

　　『본초강목』에서는 기러기의 여러 이명들을 전거를 들
어 설명하고 있다.『시경주소(詩經注疏)』에서는 큰 것을 '홍(鴻)'이
라고 하고, 작은 것을 '안(鴈)'이라고 하며, '야아(野鵝)'라는 것은 기
러기보다 크고, 민간에서 기르는 푸른 거위와 비슷하며, '가아(駕
鵝)'라 한다(《詩疏》云, 大曰鴻, 小曰鴈. 今鴈類亦有大小, 皆同一形. 又有野鵝
大於鴈, 似人家蒼鵝, 謂之駕鵝.)고 하였다. 중국에서는 크기와 색깔, 야
생 여부에 따라 이름을 붙이고 그 차이를 설명하고 있다. 소공(蘇
恭)은 '기러기는 양조(陽鳥)로, 제비와 오가는 것이 상반되어 겨울
에는 남쪽으로 날아가고, 여름에는 북쪽으로 가서 북쪽에서 새끼
를 낳아 기른다(恭曰▨鴈爲陽鳥, 與燕往來相反, 冬南翔, 夏北徂, 孳育於北
也)'고 하여 따뜻한 곳을 찾는다는 의미에서 '양조(陽鳥)'라는 이름

────────
*　하영삼,『한자어원사전』, 도서출판 3, 2014(초판)/2018(개
　정판), 511쪽.

이 붙었음을 설명하고 있다.

　　또 이시진은 기러기는 모습이 거위와 비슷하고, 푸른색과 흰색 두 가지가 있다. 지금 사람들은 희면서 작은 것을 안(鴈)이라 하고, 큰 것을 홍(鴻)이라 하고, 푸른 것을 야아(野鵝) 또는 가아(駕鵝)라 하는데,《이아(爾雅)》에서는 육앵(鵱鸚)이라 하였다.(鴈狀似鵝, 亦有蒼、白二色. 今人以白而小者爲鴈, 大者爲鴻, 蒼者爲野鵝, 亦曰駕鵝,《爾雅》謂之鵱鸚也.) 그리고 기러기가 가진 네 가지 덕에 대해 설명한다.

　　鴈有四德, 寒則自北而南, 止於衡陽, 熱則自南而北, 歸於鴈門, 其信也;飛則有序而前鳴後和, 其禮也;失偶不再配, 其節也;夜則群宿而一奴巡警, 晝則銜蘆以避繒繳, 其智也. 而捕者豢之爲媒, 以誘其類, 是則一愚矣. 南來時瘠瘦不可食, 北向時乃肥, 故宜取之. 又漢·唐書, 並載有五色鴈云.

　　기러기는 4가지 덕이 있다. 추울 때 북쪽에서 남쪽으로 가서 형양(衡陽)까지 이르고, 더울 때 남쪽에서 북쪽으로 가서 안문(鴈門)으로 돌아오니, 신(信)이다. 날 때는 순서가 있어서 앞에서 울음소리를 낸 뒤에 화합하니 예(禮)이다. 짝

을 잃으면 다시 짝짓기를 하지 않으니 절(節)이다. 밤이면
모여 잠들되, 서열이 낮은 한 마리가 순찰을 하고, 낮에는
갈대에 숨어서 주살을 피하니, 지(智)이다. 그런데 잡은 사
람이 이것을 길러 중매하는 것으로 삼아 기러기를 꼬시니,
이것은 하나의 어리석음이다. 남쪽으로 갈 때는 몸이 야위
어도 먹이를 먹지 않고, 북쪽으로 향할 때는 살지므로 그
때 잡아야 한다. 《한서(漢書)》와 《당서(唐書)》에는 모두 다섯
가지 색깔의 기러기가 실려 있다고 한다."라고 하였다.

이렇게 기러기를 '신(信), 예(禮), 절(節), 지(智)'이라는
네 가지 덕을 가진 새로 평가하였다. 한편, 유희의 『물명고』에서
는 '雁(안)'을 표제어로 하여 우리말로 '기러기'에 해당한다고 하였
다. '鴻(홍)'은 큰 것이며, '陽鳥(양조)·翁雞(옹계)·沙鶉(사순)·駖鵞(가
아)·鵁鸚(육루)·朱鳥(주조)·霜信(상신)·鷹鷹(마마)'와 같다고 하였다.
'僧婆(승파)'는 범어(梵語)이고, '天厭(천염)'은 도가(道語)에서 쓰는
말이라고도 하였다.

우리나라 문헌자료에서 '기러기'에 대한 기록은 『삼

국사기』「백제본기」에 처음 보인다. 서기 25년 9월에 기러기(鴻雁) 100여 마리가 왕궁에 모였는데, 그때 일관(日官)이 말하기를 "기러기는 백성의 상징입니다. 장차 먼 데 있는 사람이 투항해 오는 자가 있을 것입니다."(九月, 鴻鴈百餘集王宮. 日者曰, "鴻鴈民之象也, 將有遠人來投者乎.")라고 하였다. 여기서 일관이 '기러기가 백성의 상징'이라고 한 것은 『시경(詩經)』 소아(小雅)편의 '홍안지습(鴻鴈之什)' 중에 '기러기가 날아가며 파닥파닥 날개짓하네(鴻雁于飛 肅肅其羽)'라는 구절에서 유래한 것이다. 주나라 선왕(宣王)이 가족과 헤어져 흩어진 백성들을 위로하여 그들이 모여서 안정된 삶을 살도록 해준 사실을 기술한 것인데, 이로 인해 전란으로 일정한 거처 없이 떠돌아다니는 백성들을 '홍안'이라고 하였다.

조선왕조실록에는 기러기가 사냥감이기도 했고, 제사에 바치는 제수이기도 했다. 태종실록(1403년) 9월 26일 기사에는 태종이 대간(臺諫)에서 태종의 사냥을 그만두기를 청하는 상소를 윤허하면서 '聞郊外鴻雁時至也, 今甚悔之'이라고 하였다. 그리고 태종실록(1412) 8월 8일 4번째 기사에서는 시물(時物)을 종묘에 천신(薦新)하도록 명하는 내용이 나오는데, 여기에 9월 제철 산물

로 기러기를 종묘에 올렸다는 내용이 나온다.(命以時物薦宗廟: 二月
氷, 三月蕨, 四月松魚, 五月麥·筍·櫻桃·瓜·杏, 六月林檎·茄·東瓜, 七月黍·稷·
粟, 八月年魚·稻·栗, 九月雁·棗·梨, 十月柑橘, 十一月天鵝, 十二月魚·兔.)

　　　현대 국어 '기러기'의 옛말인 '그력'은 15세기 문헌에
서부터 나타난다. 이때 '그력'은 기러기의 울음소리를 흉내낸 의
성어로 추정된다. 15세기에는 '그력'에 접미사 '-이'가 결합한 '그
려기' 형태도 나타난다.

　　　그력 爲鴈 〈훈민정음해례(1446) 57〉 / 太子ㅣ 本國에셔 흰
그려기룰 치샤 더브르샤 노니더시니 〈월인석보(1459) 22:17a〉
/ 親狎홀 골며기눈 흰 믌겨를 므더니 너기고 가눈 그려기
눈 프른 하놀홀 즐기눗다 〈두시-초(1481) 3:29b〉

본초강목-사고전서본

본초강목-대만본

삼재도회

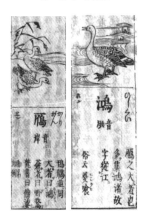

왜한삼재도회

16세기에는 '그려기'에서 제2음절의 반모음 ' ㅣ '의 영
향으로 제1음절에 반모음 ' ㅣ '가 첨가된 '긔려기' 형태와 제1음절
의 모음이 ' ㅣ '로 바뀐 '기려기', 제2음절의 이중모음 ' ㅕ '에서 반
모음 ' ㅣ '가 탈락한 '그러기' 형태도 나타난다. 또한 '기려기'에서
제2음절의 반모음 ' ㅣ '가 탈락한 '기러기' 형태도 16세기부터 나
타나기 시작하였다.

　　　그려기롤 자바 서르 보문 恭敬ᄒ야 〈번역소학(1518)
　　　3:15b-16a〉 / 雁 그려기 안 〈천자-석(1583) 27a〉 / 鴈 그러기 안
　　　〈천자-광(1575) 27a〉 / 鴻 긔려기 홍, 鴈 긔려기 안 〈훈몽자회(1527)
　　　상:8b〉 / 鴻 긔려기 홍, 鴈 긔려기 안 〈신증유합(1576) 상:11b〉 /
　　　기려기 안 鴈 〈백련초해(16세기)-동 3b〉 / 摯 친영홀 제 가져가
　　　ᄂ 기러기라 〈1588 소언 2:49a〉 / 부르문 강 우히 믈 지셔 ᄂᆞ
　　　ᄂ 기러기를 몰오 ᄃᆞ론 하놄 ᄀᆞ새 호온자 가ᄂ 비롤 보내놋
　　　다 〈백련초해(16세기)-동 3b〉 / 그력 올히로 히여 갓가온 이우즐
　　　어즈러이디 아니호리라 〈두시-중(1632) 21:3b〉 / 너는 南 녀ᄀ
　　　로 ᄂᆞᄂ 그려기롤 외오 주기디 말라 〈두시-중(1632) 4:28b〉 / 芒

碭애 구루미 흔 번 나니거놀 그러기와 올히왜 흔갓 서르 브
르놋다 〈두시-중(1632) 2:46b〉 / 늘근 기려기는 보믜 주류믈 견
듸여 슬피 우러 〈두시-중(1632) 8:21a〉 鴈 기러기 〈역어유해(1690)
하:27a〉

17세기까지는 '그력, 그려기, 그러기, 기려기, 기러기'가
공존하다가 18세기 이후로 '기러기'로 정착되어 현재에 이르렀다.

隨陽鳥 기러기 〈동문유해(1748) 하:34b〉 / 鴻鴈 기러기 〈방
언유석(1778) 해부:11a〉 모든 ᄌ뎨ᄂ 다 의관을 셩히 ᄒ여 기
러기 항녈노 쓸 좌편의 버러 셧다가 〈오륜행실도(1797) 종:55a〉
/ 기러기 안 雁 〈정몽유해(1884) 7b〉 / 기럭이 鴈 〈한불자전
(1880) 174〉

기러기는 한방에서 약으로 쓰인다. 『동의보감』에는
'안방(鴈肪)'이라고 부르는 기러기 기름은 풍(風)으로 인해 경련이
나 편고(偏枯:신체의 일부에 마비가 일어나는 증상)가 있거나 혈기가 통

하지 않아 마비되는 경우 이러한 증상을 치료하기 위해 먹는다고
하였다.

　　　또, 기러기는 가을에 오고 봄에 돌아가는 철새로서 가
을을 알리는 새인 동시에 소식을 전해주는 새로서 인식되었다. 그
래서 편지를 다른 말로 안서(雁書), 안백(雁帛) ·안찰(雁札) ·안신(雁
信)이라고도 한다. 이러한 한자어는 〈한서(漢書)〉의 소무전(蘇武傳)
에서 비롯된 것인데, 모두 기러기가 전해 주는 편지라는 뜻으로,
먼 곳에서 전해 온 반가운 편지를 이른다. 소무는 한무제(漢武帝)
의 사신으로 흉노(匈奴)의 포로를 호송하고 갔다가 흉노에게 붙잡
히고 말았다. 이후 무제가 죽고 소제(昭帝)가 즉위한 후 흉노와 화
친하게 되자 소무를 돌려보내 달라고 했지만, 흉노는 소무가 이미
죽었다고 거짓말을 하였다. 그러나 한나라 사신은 소무가 살아 있
다는 것을 알고 있었으므로 흉노에게 우리 천자께서 사냥을 하다
기러기를 활로 쏘아 잡았는데, 그 발에 비단에 쓴 편지가 매어져
있었고, 편지에는 소무가 어느 숲 속에 살아 있다는 내용이 적혀
있었다고 전했다. 그러자 놀란 흉노는 잘못을 사과하고 소무를 돌
려보냈다고 한다. 여기서 유래하여 편지를 안서(雁書) 또는 안백(雁

帛)·안찰(雁札)·안신(雁信)이라고 한다.

기러기를 나타내는 한자 '雁'이 들어간 한자어로 안항 (雁行)도 있다. 안항은 "기러기의 행렬"이라는 뜻으로, "남의 형제를 높여서 이르는 말"로 쓴다. 그래서 '안항은 어떻게 되십니까?' 나 '안항이 모두 몇 분입니까?'와 같이 주로 사용한다. 이렇게 남의 형제를 높여 부르는 뜻으로 쓰는 '雁行'의 '行'은 "순서나 차례, 항렬"의 뜻이기 때문에 '안행'이 아니라 '안항'이 표준어이다.

또 기러기가 알파벳 브이(V)자 모양 또는 여덟 팔(八) 자 모양으로 떼 지어 날아가는 모습을 그대로 본따서 만든 진법을 안행진(雁行陣)이라고 한다. 기러기가 이렇게 V자 대열을 이루며 날아가면 에너지를 아낄 수 있어서 혼자 날아갈 때보다 71%나 더 오래 날 수 있다고 한다. 맨 앞에서 날아가는 새의 날갯짓으로 발생한 공기 중의 양력이 날개 바깥쪽 공기를 상승시키는데, 바로 뒤에서 나는 새는 이 상승 기류의 힘을 빌려 크게 힘들이지 않고 날 수 있기 때문이다. 물론 제일 선두의 기러기는 힘을 많이 소모

하게 되므로 계속 교대하면서 먼 거리를 날아간다고 한다.＊

　　한편, 홀아비나 홀어미의 외로운 신세를 '짝 잃은 기러기 같다.'고 표현하기도 한다. 기러기가 암수 금슬이 좋기로 유명하고, 짝짓기한 후 어느 한쪽이 죽어도 다른 기러기와 짝짓기하지 않는 습성이 있기 때문에 혼례에도 중요한 예물로 쓴다.

　　전통 혼례 절차 중에 전안례(奠雁禮)라는 것이 있다. 전안례는 새신랑이 처가에 도착해서 기러기를 드리는 의식을 이른다. 『의례(儀禮)』에서는 "사(士)의 혼례에 기러기를 사용한다."라고 했으며, 『예기禮記』「혼의婚儀」에는 "부친이 대례를 행하라고 명하면 신랑이 기러기를 안고 신부 집으로 들어가 한 번 읍(揖)하고 기러기를 드리고 재배(再拜)한다."라고 적혀 있다. 이러한 풍속은 고대 중국에서 유래한 것인데, 당나라 가공언(賈公彦)은 『의례소(儀禮疏)』에서 아래와 같이 설명한다.

─────────
＊　정민, 『새 문화사전』, 글항아리, 2014, 443쪽.

혼례에는 존비를 따지지 않고 모두 기러기를 폐백으로 쓴다. 정현(鄭玄)의 주에서는 그 뜻이 음양에 순응하여 왕래하는 것을 취한 것이라고 했다. 음양에 순응하여 왕래한다는 것은 기러기가 잎 지면 남으로 날고 얼음이 녹으면 북으로 가는 것을 말한다. 지아비는 양이요 지어미는 음이 되니, 이제 기러기를 쓰는 것은 또한 부인이 남편에게 순종한다는 뜻을 취한 것이다.[*]

우리나라의 『규합총서』에서도 기러기는 작은 것을 '안'이라고 하고, 큰 것을 '홍'이라고 하고, 추우면 북으로부터 남형양에 그치고 더우면 남으로부터 북안문(北雁門)에 돌아가니 신(信)이라고 하였다. 또 날면 차례가 있어 앞에서 울면 뒤에서 화답하니 예(禮)이고, 짝을 잃으면 다시 짝을 얻지 않으니 절(節)이라고 하였다.

안 기러긔 소자는 아니오 디자는 홍이니 수덕이 이시니 치운 즉 븍으로조차 남형양의 긋치고 더운 즉 남으로조

_____

* 정민, 『새 문화사전』, 글항아리, 2014, 445쪽.

차 북안문의 도라가니 그 신이오 난즉 ᄎ례가 이셔 전명후
화ᄒ니 그 녜오 짝즉 무리 지녀 자고 ᄒ나히 슌경ᄒ고 나
진즉 골을 머금어 구사롤 피ᄒ니 그 지혠고로 녜피ᄒ는디
취ᄒᄂ니라 - 규합총서

기러기는 밤이 되면 무리를 지어 자되 하나가 순경하
고, 낮이 되면 갈대를 머금어 주살(실을 매어서 쏘는 화살)을 피하니
지혜가 있기 때문에 예폐(禮幣:고마움의 뜻으로 보내는 물건)하는 데 쓴
다고 하였다.

목기러기

전안례가 행해지던 초기에는 실제로 산 기러기를 사용하였으나, 이것이 점차 내려오면서 산 기러기 대신 까만 옻칠을 입힌 나무기러기를 사용하게 되었다. 기러기는 신랑이 신부를 데리러 갈 때, 기럭아비가 홍색 보자기에 싸서 들고 갔다. 전안례가 혼례에서 중요시되고 오랫동안 이어져 내려온 이유는 첫째, 기러기라는 동물은 한 번 짝을 지으면 평생 그 짝 이외의 다른 짝을 돌아보지 않아 정절을 상징했고, 둘째 기러기가 따뜻한 바람을 쫓아 무리 지어 다녀 믿음과 애정을 의미했기 때문이다. 즉, 기러기는 정절·신의·우애·사랑이 깊은 길조로 여겨졌다. 결국, 기러기는 바로 바람직한 부부관계의 상징이었다.[*]

그러나 이렇게 기러기가 변함없는 사랑의 상징으로만 사용된 것은 아니다. 〈춘향전〉의 이별요(離別謠) 중에 '새벽서리 찬 바람에 울고가는 저 기러기 한양성내 가거들랑 도령님께 이내소식

---

[*] 한국일생의례사전 '목기러기' 항목 참조.
https://terms.naver.com/entry.nhn?docId=3561181&cid=58728&categoryId=58728

전해주오.'라는 구절도 있고, 동요 중에도 '아침바람 찬 바람에 울고 가는 저 기러기'라는 구절도 쓸쓸한 정서를 표현한다. 기러기는 울음소리가 슬퍼서 가을이라는 계절의 쓸쓸한 느낌과 어울려 처량한 정서를 나타내기도 하고, 한 발 더 나아가 임을 떠나보내는 이별의 정서를 표현하기도 하였다. 박목월의 시에 곡을 붙여 가곡으로도 불리는 '이별의 노래'에서도 기러기는 이별의 슬픔을 표현한다. '기러기 울어 예는 하늘 구만리 / 바람이 싸늘 불어 가을은 깊었네 / 아아 너도 가고 나도 가야지'라는 시구에서 기러기는 사랑하는 연인의 죽음을 받아들여야 하는 비통한 심정을 나타낸다.

이처럼 기러기는 가을을 알리는 새로, 소식을 전해주는 새로, 또한 부부간의 변함없는 사랑의 새로, 쓸쓸한 이별을 표현하는 새로 우리에게 인식되었음을 알 수 있다.

동아시아 한자문화권에서 '雁'라는 명칭을 사용하는 언어는 중국어와 일본어이다. 한국어와 베트남어에서는 고유어를 사용한다. 각 언어권별로 표기와 발음을 제시하면 아래와 같다.

〈한국어〉기러기　　　　gileogi

〈중국어〉雁, 大雁, 鴻雁　　yàn, dàyàn, hóngyàn

〈일본어〉雁 かり, が　　kari, gan

〈베트남어〉con ngỗng đực, con ngỗng hoang

con ngỗng đực, con ngỗng hoang에서 con은 동물에 붙는 분류사이고, ngỗng은 거위에 해당한다. đực은 수컷이라는 뜻이고, hoang은 야생의 의미가 있다.

이징(李澄)의 노안도(蘆雁圖)　　작자 미상의 노안도(蘆雁圖)
　　　　　　　　　　　　　　　호암미술관 소장

기러기를 그린 옛 그림에는 늘상 갈대가 함께 등장한
다. 이렇게 기러기와 갈대를 함께 그린 그림을 노안도(蘆雁圖)라고
한다. 갈대와 기러기를 뜻하는 노안(蘆雁)은 오래오래 편안하게 산
다는 뜻의 노안(老安)과 발음이 같기 때문이다. 그래서 안락한 노
후를 기원하는 의미로 자주 그렸다.

이제는 동궁(東宮)과 월지(月池)라는 이름으로 불리는
경주 안압지(雁鴨池)는 조선시대 기러기와 오리들이 날아들어 이
름 붙여졌다고 한다.

6. 자오(慈烏)와 까마귀

까마귀는 예로부터 한국에서 그리 환영받는 새는 아
니다. '까마귀 싸우는 골에 백로야 가지마라'는 시조 때문일까 까
마귀라는 이름에는 어느덧 부정적인 인식이 배여 있다. 그러나 실
제 까마귀를 보면 고정관념과는 달리 꽤 멋있는 외모를 가지고 있
다. 광택 있으면서 푸른빛이 도는 까만 깃털과 크고 날렵한 몸에
서 기품이 느껴지기도 하고 세련된 느낌도 든다.

까마귀는 참새목 까마귓과에 속하는 새로, 몸은 대개 검은색이며, 날카로운 부리를 거졌고, 번식기는 3~5월이다. 어미 새에게 먹이를 물어다 준다고 하여 '반포조' 또는 '효조'라고도 한다. 잡식성으로 갈까마귀, 떼까마귀, 잣까마귀 따위가 있다.

학명은 Corvus corone이다. 종명인 corvus는 라틴어로 "까마귀"라는 뜻이고, 종소명인 corone은 그리스어로 "까마귀(korone)"라는 뜻이다.

『표준국어대사전』에 실린 까마귀와 관련된 관용 표현만 35개에 이른다. 이렇게 관용 표현이 많다는 것은 그만큼 가깝고 친숙한 존재였고, 까마귀가 우리 민족의 생활과 밀접한 관계를 맺어 왔다는 의미일 것이다.

까마귀가 검기로 마음[살/속]도 검겠나 / 까마귀가 검어도 살은 희다[아니 검다] / 까마귀가 까치 집을 **뺏는다** / 까마귀가 메밀[고욤/보리/오디]을 마다한다[마다할까] / 까마귀가 아저씨 하겠다 / 까마귀가 알 (물어다) 감추듯 / 까마귀가 열두 번 울어도 까옥 소리뿐이다 / 까마귀가 오지 말라는 격 / 까마귀 겉 검다고 속조차 검은 줄 아느냐 / 까마귀 게 발 던지듯 / 까마귀 고기를 먹었나[먹었느냐] / 까마귀 날 자 배 떨어진다 / 까마귀 대가리 희거든 / 까마귀도 내 땅 까마귀라면 반갑다 / 까마귀 둥우리에 솔개미 들어앉는다 / 까마귀 떡 감추듯 / 까마귀 떼 다니듯 / 까마귀 똥도 약 에 쓰려면 오백 냥이라 / 까마귀 똥도 약이라니까 물에 깔 긴다 / 까마귀 똥도 열닷[오백] 냥 하면 물에 깔긴다 / 까마 귀 똥 헤치듯 / 까마귀 모르는 제사 / 까마귀 뭣 뜯어 먹듯 / 까마귀 미역 감듯[목욕하듯] / 까마귀 밥이 되다 / 까마귀 소리 열 소리에 한마디 신통한 소리 없다 / 까마귀 아래턱 이 떨어질 소리 / 까마귀 안(을) 받아먹듯 / 까마귀 열두 소 리에 하나도 좋지 않다 / 까마귀 열두 소리 하나도 들을 것 없다 / 까마귀와 사촌 / 까마귀 제 소리 하면 온다 / 까마 귀 짖어 범 죽으랴 / 까마귀 하루에 열두 마디를 울어도 송 장 먹는 소리 / 까마귀 학이 되랴

35개에 이르는 관용 표현 중에 까마귀가 긍정적인 의미로 사용된 것은 아래 3개뿐이다. 나머지는 모두 까마귀가 부정적인 의미를 담고 있다.

까마귀가 검기로 마음[살/속]도 검겠나 / 까마귀가 검어도 살은 희다[아니 검다] / 까마귀 겉 검다고 속조차 검은 줄 아느냐

국어사전에서는 까마귀에 대응하는 한자어로 오아(烏兒), 자오(慈烏), 취세아(嘴細雅), 한아(寒鴉), 한조(寒鳥) 등이 있다.

『본초강목』에서는 '慈烏'를 표제어로 하고, '慈鴉〈嘉祐〉, 孝烏〈說文〉, 寒鴉'를 유의어로 제시하였다. 이시진은 '烏(오)' 자는 전서(篆書)로 상형문자라고 하였다. 아래 한자의 자형 변화표를 보면, 오늘날의 '烏'자가 소전(小篆)을 바탕으로 만들어진 것임을 알 수 있다.

본초강목-사고전서본   본초강목-대만본

삼재도회   왜한삼재도회

금문(金文)	전서(篆書)	예서(隷書)	해서(楷書)
𣬉 𣬉	𣬉	烏	烏

또 '鴉(아)'도 '鵶(아)'로 쓰는데, 『금경』에서 '아(鵶)는 아
아(啞啞)하고 운다.'라고 하였으므로 '아'라고 한다. 이 새는 처음
태어났을 때 어미가 60일 동안 모이를 주고, 자라면 반대로 60일
동안 어미에게 먹이를 주므로 자애로운 효자라 할 만하다. 북쪽
지역 사람들은 한아(寒鴉)라 하는데, 겨울철에 더욱 많아지기 때문
이라고 하였다. 장우석은 "자오(慈烏) 북쪽 지역에 매우 많고, 까마
귀나 갈까마귀와 비슷하면서 작고, 대부분 떼지어 날아가면서 아
아(鴉鴉)라고 울음소리를 낸다. 비린내가 나지 않아서 먹을 수 있
다."라고 하였다.

이시진은 오(烏)에는 네 가지 종류가 있다고 했다. 작
으면서 새까만 색이며 부리가 작고 어미에게 먹이를 먹이는 것
은 자오(慈烏)이고, 자오와 비슷하면서 부리가 크고 배 아래가 희

며 어미에게 먹이를 먹이지 않는 것은 아오(雅烏)이다. 아오와 모습이 비슷하면서 크고 목이 흰 것은 연오(燕烏)이고, 아오와 모습이 비슷하면서 작고 부리가 붉으며 굴에서 사는 것은 산오(山烏)이다. 산오는 촉(鸀)으로, 서쪽 지방에서 산다. 연오는 백두(白脰)라고도 하고 귀작(鬼雀)이라고도 하고, 할알(鶷)음은 할알(轄軋)이라고도 한다. 『금경』에서는 '자오는 반대로 어미에게 먹이를 먹이고, 부리가 크며 경계를 잘하고, 현오(玄烏)는 밤에 운다.

유희의 물명고에서는 '자오(慈烏)'를 표제어로 하고, 우리말로는 '가마괴'라고 적었다. 중국 사람들의 옛말을 살펴보면, 작은 '烏'는 반포(反哺)하지만, 큰 까마귀는 반포하지 않는다고 하였는데, 도리어 『본경』과 더불어 서로 같지 않으니 그렇다면 두 놈 모두 그것을 할 수 있을 듯하다. '자아(慈鴉), 효조(孝鳥), 한아(寒鴉)'와 같다고 해서 본초강목에서와 동일한 유의어를 제시하고 있다.

까마귀라는 뜻을 가진 한자 '烏(까마귀 오)'를 사용한 성어로, 오합지졸(烏合之卒)이 있다. 오합지졸은 "까마귀를 모아 놓은 군대"라는 뜻으로 "갑자기 모인 훈련 안 된 군사"를 가리키거나 "규율이나 통일성 없는 군중"을 일컫는 말이다. 오합지중(烏合之

衆)이라고도 하며,《후한서(後漢書)》〈경엄전(耿弇傳)〉에 유래한 말이다. 유수(劉秀)가 왕랑(王郎)을 처단하러 나서자 경황(耿況)이 아들 경엄(耿弇)에게 군사를 이끌고 가 유수를 도우라 하였다. 그런데 경엄의 부하가 반기를 들며 왕랑에게 가야 한다고 주장하자 경엄은 화를 내며 '내가 장안에 가서 황제의 정예군과 도모하여 출격하면, 몇십 일 안에 날랜 기병으로 저 오합지중을 토벌할 것이니 썩은 나무 마른 가지보다도 쉽게 꺾일 것이다(歸發突騎以轔烏合之衆, 如摧枯折腐耳).'라고 한 고사에서 오합지졸이 유래하였다.

현대 국어 '까마귀'의 옛말인 '가마괴'는 15세기부터 문헌에 등장한다. 15세기에는 '가마괴'와 함께 제3음절의 모음 'ㅚ'가 'ㅟ'로 바뀐 '가마귀' 형태도 나타나는데, '가마괴'는 18세기까지 널리 쓰인 형태였던 데 비해 '가마귀'는 15세기의 『월인석보』에 한 번 나타났을 뿐 널리 쓰이게 된 것은 18세기 이후의 일이다.

여슷 놀이 디며 다ᄉᆞᆺ 가마괴 디고 〈용비어천가(1447)〉 / 너를 기들우노라 가마괴와 가치롤 ᄆᆡ여ᄒᆞ다니 〈두시-초(1481) 8:39b〉 / 鵲이 히오 가마귀 검고 대 이ᇰ티 프르며 〈월인석보

(1459) 11:101a〉/ 미양 울어든 새 가마괴 ᄂᆞ라와 가디 아니
터라 〈이륜행실도(1518) 옥:22b〉/ 烏 가마괴 오 〈훈몽자회(1527)
상:9a〉/ 烏鴉 가마괴 〈동의보감(1613) 1:38a〉/ 내 효심은 일즉
가마괴만도 곧디 몯ᄒᆞ므로 이에 므러가매 〈동국신속삼강행
실도(1617) 효1:23b〉/ 가마기와 간치왜 구ᄫᆞᆫ 가지예 ᄀᆞᄃᆞ기
안자셔 〈두시-중(1632) 16:37a〉/ 上林 가마괴ᄂᆞ 高高下下ᄒᆞ
야 百千萬이 嘔嘔啞啞ᄒᆞ고 〈오륜전비언해(1721)3:15b〉/ 老鴉
가마괴 〈동문유해(1748) 하:35a〉/ 老鴉 가마귀 〈몽어유해(1790)
하:29a〉/ 수월만의 가마귀 므어슬 물고 ᄂᆞ라와 무덤 알픠
두거놀 〈오륜행실도(1797) 효:66b〉

19세기에 '가마귀'가 어두 된소리화를 겪은 '쟈마귀'
형태가 등장하였는데, 현대 국어에서는 ㄱ의 된소리를 'ㄲ'으로
표기하는 원칙에 따라 '까마귀'로 쓰게 된 것이다.

가마귀 고기 (鴉肉) 〈의종손익(1868) 44a〉/ 가마귀 烏 〈한불
자전(1880)〉/ 가마구 오 烏 가마구 암수 뉘 알쏘 誰知烏之雌

雄 〈국한회어(1895)〉 / 싸마귀논 송쟝을 먹으나 비둘기야 엇
지 송쟝을 먹으리오 〈천로역정(1894)2:157b〉

　　중세 국어 '가마괴'는 "검다"는 뜻의 형용사 '감[玄]-'
의 어간에 접미사 '-아괴'가 결합한 것으로 설명하기도 한다. 현대
국어 까마귀는 '가마괴〉가마귀〉싸마귀〉까마귀'의 형태 변화를 거
쳐 지금의 까마귀로 자리잡았다.

　　규합총서에서는 까마귀는 효아, 현아라고 하며 낳은 지
두 달 만에 어버이를 도로 먹이는 고로 백향산(白香山=白居易)이 새
가운데 증삼(曾參=春秋. 공자의 제자 중 하나인 魯 點子. 子輿)이라 하였다.

　　　　오 가므괴 일 효아 일 현아 싱지뉵십일의 반포ᄒ눈고로
　　　　빅향산이 됴즁즁숨이라 ᄒ니라 길흉을 겸ᄒ여 븍인은 희아
　　　　오쟉ᄒ고 남인은 희쟉오아ᄒ니 머리 흰 거슨 블샹지됴니라

　　규합총서에서는 점쳐서 북인은 까마귀를 좋아하고 까

치를 미워하며, 남인은 까치를 반기고 까마귀를 미워한다. 머리 흰 것은 좋지 못한 조짐이라고 하였다. 흔히 우리나라에서는 까치가 길조이고, 까마귀가 흉조이지만, 일본과 같이 그 반대인 나라도 있다. 우리와 달리 서양에서는 일반적으로 까마귀(Crow)가 똑똑한 길조라고 생각한다. 옛날 뱃사람들은 항해를 나갈 때마다 까마귀를 새장에 넣어 데리고 다녔는데, 배가 방향을 잃었을 때 까마귀를 날려 보내면 가장 가까운 육지 쪽으로 곧장 날아간다고 믿었기 때문이다. 그래서 영어 as the crow flies가 '일직선으로'라는 뜻이고, 배의 정찰용 망루를 the crow's nest라고 부른다.

반대로 우리나라에 반가운 소식 또는 손님을 전하는 길조로 통하는 까치(Magpie)는 서양에서 수다쟁이와 강박적으로 쓸데없는 잡동사니를 수집하는 사람을 가리킬 때 사용한다. 흉조까지는 아니지만, 그리 좋은 어감을 가지고 있는 새는 아니라는 것을 알 수 있다.

동아시아 한자문화권에서 까마귀를 가리키는 이름도 조금씩 변했다. 각 언어권별로 표기와 발음을 제시하면 아래와 같다.

〈한국어〉까마귀   kkamakui

〈중국어〉乌鸦   wūyā

〈일본어〉からす[烏·鴉]   karasu

〈베트남어〉con quạ, con quạ đen

한국어에서는 까마귀라는 고유어를 사용한다. 베트남
어에서는 con은 동물에 붙는 분류사이고, quạ는 까마귀라는 뜻인
데, 검다는 뜻의 đen을 붙이기도 한다. 중국어에서는 '烏鴉'를 사
용하고, 일본어에서도 烏나 鴉에 해당하는 からす을 사용한다.

중국, 한국, 일본 등 동아시아 각국의 신화에도 까마귀
가 중요하게 등장한다. 태양에 사는 다리가 셋 달린 까마귀, 삼족오
(三足烏)가 바로 까마귀이다. 중국 후예가 쏘아 떨어뜨린 9개의 태양
이야기에도, 우리나라 고구려 고분벽화에도, 일본의 〈고사기〉에도
삼족오가 등장한다.

그리스로마신화에는 까마귀가 원래 은빛 아름다운 날
개를 가진 새였는데, 까맣게 변하게 된 이야기가 전한다. 태양신 아
폴론은 테살리아의 왕녀 코로니스를 사랑했다. 아폴론은 코로니스

까마귀자리(Corvus)

에게 자신의 애조이자 메신저인 은색 까마귀를 주었다. 말을 할 줄 아는 이 까마귀는 천상계와 인간계를 왕래하며 아폴론에게 코로니스의 상황을 전했다고 한다. 어느 날 까마귀는 코로니스가 때마침 한 남자와 친숙하게 이야기를 하고 있는 장면을 보고 황급히 아폴론에게 다시 날아가, 코로니스가 바람을 피고 있다고 아폴론에게 전한다. 분노한 아폴론은 코로니스를 활로 쏴 죽였으나 그녀가 임신했다는 것을 알고 자신이 성급했음에 곧 후회한다. 코로니스의 아이는 켄타우로스족의 케이론에게 맡겨져 자라게 되었는데, 이 아이가 바로 의술의 신인 아스클레피오스(Aesculapius)이다.

Apollo slaying Coronis
Domenico
Zampieri(1581~1641)

　한편 무책임한 말로 아폴론을 실수하게 만든 까마귀는 아폴론의 역정을 사서 그때 이후로 사람의 말을 할 수 없게 되었으며, 온몸이 까맣고 추한 모습으로 변하고 말았다. 그래서 까마귀는 깍깍 하는 울음소리밖에 내지 못하고, 색깔도 까맣게 되었다고 한다. 훗날 이 까마귀가 천상에 올라가 별이 되어 까마귀자리가 되었다.

7. 월연(越燕)과 제비

　　　　　　　어린 시절 시골 할머니댁 처마에 매년 제비가 집을 지었다. 그러면 어김없이 하얀 제비 똥이 바닥이나 기둥, 대청마루를 뒤덮었고, 시끄럽게 우는 제비 소리에 잠을 설쳤다. 그러나 신기하게도 어느 한 사람 불평하는 이가 없었고, 모두 흔쾌히 제비 가족을 보호하고 보살폈다. 그 이유를 할머니께 여쭤보았는데, 할머니는 제비가 아무 집에나 집을짓는 게 아니라고 하시면서 제비가 집을 지으면 그 집에 복이 온다고 하셨다. 그 말을 들은 후부터는 더 이상 제비가 싫지 않았고 기꺼이 제비와의 동거에서 오는 불편함을 받아들이게 되었다. 오히려 가을이 되어 텅 빈 둥지를

보며 인사도 없이 떠나버린 제비 가족이 야속하게 느껴졌다. 제비는 우리에게 복을 가져다 주는 길조(吉鳥)로 여겨졌다. 그래서 흥부전에서 흥부에게 박씨를 물어다 주는 것도 제비이지 않은가.

제비는 참새목 제비과에 속하는 새로, 몸의 길이는 18cm 정도이다. 등은 윤기가 있는 푸른빛을 띤 검은색이고 배는 흰색으로, 흑과 백의 대조가 선명하다. 또 이마에서 위쪽 가슴에 걸쳐 검은 테로 둘러싸인 밤색의 큰 반점이 있다. 꽁지가 가위 모양으로 갈라져 있고 날개가 발달하여 빨리 날 수 있다. 열대 또는 아열대인 인도, 태국, 캄보디아, 베트남, 오스트레일리아 등지에서 겨울을 보내고 봄에 우리나라에서 처마 밑에 집을 짓고 살다가 가을에 날아간다. 한국, 일본, 중국 등지에서 번식한다.

학명은 Hirundo rustica이다. 라틴어로 hirundo는 "제비"를 뜻하고, rustica는 "국가" 또는 "나라"를 뜻한다.

사전에는 우리말 제비와 같은 뜻을 가진 한자어로 사연(社燕), 연을(鷰鳦), 연자(燕子), 월연(越燕), 을조(乙鳥), 의이(鷾鴯), 현조(玄鳥)를 제시하였다.

제비를 나타내는 한자 '燕(제비 연)'은 크게 벌린 입과

머리와 세차게 날아오르는 날개와 꼬리를 갖춘 제비의 모습을 형
상화했으며, 예서체에 와서 꼬리 부분이 네 점으로 변해서 '火(灬)'
와 혼용되어버렸다.[*]

갑골문(甲骨文)	소전(小篆)	예서(隸書)	해서(楷書)
㷱	燕	燕	燕

『본초강목』에서는 '燕'을 표제어로 삼고, '乙鳥〈說文〉,
玄鳥〈禮記〉, 鷾鳾〈古今注〉, 鸙鷾〈莊子〉 游波〈炮炙論〉 天女〈易占〉'와 같
다고 하였다. 이시진은 '燕(연)' 자는 전서(篆書)로 모양을 본떴으며,
'乙(을)'은 그 울음소리를 나타낸 것이라고 하였다. 또 '玄(현)'은 그
색이라고 하였다. 매나 새매가 제비를 먹으면 죽고, 해동청골(海東
靑鶻)을 제어할 수 있으므로 '지조(鷙鳥)'라 칭하기도 한다고 하였

* 하영삼, 『한자어원사전』, 도서출판 3, 2014(초판)/2018(개
  정판), 545쪽.

다. 파도를 일으키거나 피를 내리게 할 수 있으므로 유파(游波)라
는 별명이 있고, 뇌효(雷敳)가 바닷물과 강물이 말랐을 때 유파를
던지면 물이 가득 찬다고 말한 것이 이 새이라고 하였다. 경방(京
房)은 사람들이 흰 제비를 보면 주로 귀한 딸을 낳으므로 제비에
천녀(天女)라는 이름이 붙었다고 하였다.

　　　도홍경은 제비는 두 종이 있다고 했는데, 가슴이 붉고
가벼우면서 작은 것을 월연(越燕)이라 하며 약에 넣어 쓰지 않는다
고 하였다. 가슴에 검은 반점이 있으면서 우는 소리가 큰 것을 호
연(胡燕)이라 하며 약에 넣어 쓸 수 있다고 하였다. 호연은 집을 지
어 확장시키기를 좋아하는데, 1필(匹)의 명주를 수용할 수 있어서
집안을 부유하게 한다. 둥지가 집 북쪽을 향하면서 꼬리가 구부러
지고 색이 흰 것은 수백 살 된 제비로, 《선경(仙經)》에서 육지(肉芝)
라 하는데, 이것을 먹으면 수명을 늘인다고 하였다.

　　　유희의 『물명고』에서도 '燕'을 표제어로 삼았다. 크기
가 참새와 같은데, 몸이 길고 입은 대통 모양이며 턱이 두툼하고
넓적하며, 날개를 펼치면 꼬리가 갈라져 있다. 胡와 越 두 종류가
있다. 월연(越燕)이 우리말로 '제비'이니, 졸연, 을조, 현조, 지고, 의

이, 천녀, 유파와 같다. 호연(胡燕)은 우리말로 '명매기'이니 교연, 사연, 반연과 같다. 토연(土燕)은 강가의 굴속에서 사는데, '제비'와 비슷하면서 매우 크고 흰색이며, 물위를 날면서 오르락내리락하고, 울음소리가 매우 슬프니, '백조'와 같다고 하였다.

성호(星湖) 이익(李瀷)은 『관물편(觀物篇)』에서 제비와 인간의 관계에 대해 아래와 같이 설명한다.

제비는 집 들보에 둥지를 틀어 사람과 가깝다. 사람과 가깝게 지내면 벌레와 짐승의 해를 피할 수가 있다. 벌레와 짐승을 피하면서 사람을 피하지 않는 것은 사람이 어질기 때문이라고 말한다. 그러나 제비는 고기가 도마 위에 오르지도 않고 날개가 장식으로 꾸미는 데 쓰이지도 않는다. 그런 까닭에 사람이 죽이려는 마음이 없는 것이다. 제비가 문득 그렇지 않음을 환히 깨달았다면 또한 높이 것이다. 그런 까닭에 제비보다 지혜로운 것은 없다고 하는 것이다.[*]

---

[*] 정민, 『새 문화사전』, 글항아리, 2014, 111쪽.

     제비는 새 중에서 거의 유일하게 사람의 집에 둥지를 트는 새이다. 제비가 사람을 피하지 않는 것은 사람이 해치려는 의도가 없음을 이미 알고 있고, 사람 가까이 지내는 것이 자기 자신을 보호할 수 있는 방법임을 알기 때문에 지혜롭다는 것이다.

     그리고 유몽인(柳夢寅, 1559~1623)은 『어우야담(於于野談)』에서 제비가 논어를 읽을 줄 안다고 하였다. 얼핏 들으면 무슨 황당한 이야기인가 하겠지만, 이렇게 이야기한 데에는 그럴 만한 이유가 있다. 유몽인은 중국인 황백룡이 조선 사람들은 몇 가지 경서를 공부하느냐고 묻자, 삼경 또는 사경을 읽는다고 하면서 심지어 조선의 제비나 개구리, 꾀꼬리도 경서 하나쯤은 읽을 줄 안다고 대답했다. 의아해하는 황백룡에게 유몽인은 다음과 같이 이야기한다. 제비는 '지지위지지, 부지위부지, 시지야(知之爲知之, 不知爲不知, 是知也)'라고 하니 『논어』를 읽을 줄 알고, 개구리는 '독락악여중락악숙락(獨樂樂與衆樂樂孰樂)'이라고 하니 『맹자』를 읽을 줄 알고, 꾀꼬리는 '이지유지지비지, 불약이비지유지지비지, 이마유마지비마, 불약이비마유마지비마야(以指喩指之非指, 不若以非指喩指之非指, 以馬喩馬之非馬, 不若以非馬喩馬之非馬也)'라고 하니 『장자』를 읽는다고 하였다. 제비가 지지배배하고 우는 소리가 마치 논어(論語) 위정편(爲政篇)의 '知之爲知之, 不知爲不知, 是知也(아는 것을 안다고 하고 모르는 것을 모른다고 하는 것, 그것이 아는 것이다)'라는 구절을 암송하는 것처럼 들린다는 것이다.

본초강목-사고전서본   본초강목-대만본

삼재도회   왜한삼재도회

1614년에 이수광(李睟光, 1563~1628)이 편찬한 백과사전 『지봉유설(芝峯類說)』에도 제비의 종류에 대한 언급이 나온다.

> 按燕有二種。紫胸輕少者是越燕。臆斑黑聲大者是胡燕。詩家所稱紫燕海燕。蓋指越燕耳。

> 제비에는 두 종류가 있다. 가슴이 자줏빛이고 몸이 작고 가벼운 제비는 월연(越燕)이고, 가슴에 검은 점이 있고 큰 소리로 우는 제비는 호연(胡燕)이다. 시인들이 자연(紫燕)이니 해연(海燕)이니 하는 따위는 모두 월연을 가리키는 것이다.

여기에 제비를 이르는 명칭으로 등장하는 것은 월연, 호연, 자연, 해연이다. 국어사전에는 월연은 제비, 호연은 칼새로 풀이하고 있다.

당시에는 크기가 비슷하고 꼬리가 깊게 파였다는 공통점 때문에 연(燕)으로 통칭되는 범주로 인식했음을 알 수 있다. 越燕은 제비로, 胡燕은 칼새로 분화한 것이다. 紫燕은 보랏빛으로 보이는 제비, 海燕은 바다제비를 가리키는 명칭으로 풀이하고 있다.

『규합총서』에서 제비는 천녀(天女), 오의(烏衣), 지조(鷙
鳥)라고 하였다.

연 일명 텬녀 일명 오의 일명 지됴니 시운연연 우비 칙
지기비우라 ᄒ니 졔인은 을됴라 미가 먹으면 죽ᄂ고로 지
됴라 치을고 믈결을 일위여 능히 비롤 비ᄂ고로 유파라 부
르ᄂ니라 -규합총서

시에 이르되, 연연우비(燕燕于飛) 치지기우(差池其羽)라
하니 제나라 사람은 을조(鳦鳥)라고 한다. 매가 먹으면 죽기 때문
에 지조라고 한다. 치울고 물결을 흔들어 능히 비를 빌 수 있기 때
문에 요파(搖波)라 부른다고 하였다.

현대 국어 '제비'의 옛말인 '져비'는 15세기 문헌에서
부터 나타났다. 18세기 말에 ㅣ모음 역행동화 현상에 따라 '졔비'
형태가 등장하였다.

져비 爲燕 〈훈민정음해례(1446)〉 / 곳고리와 곳고리 우
루미 소리 둘 아니며 져비와 져븨 마리 마리 흔 가지로다
〈금강경삼가해(1482) 2:23b〉 / 불근 나리 寂靜ᄒ고 우ᄂᆞᆫ 비두
리와 삿기 치ᄂᆞᆫ 제비예 프른 보미 기펫도다 〈두시-초(1481)
6:13b-14a〉 / 鷰 져비 연 鳦 져비 을〈훈몽자회(1527) 상:9a〉 / 越
燕 져비 〈동의보감(1613) 1:36b〉 / 燕燕은 毛詩篇 일홈이오 燕
은 져비니 〈어내(1737) 2:62b〉 / 졔비ᄂᆞᆫ 즘싱이오되 무일의ᄂᆞᆫ
흙을 무지 아니ᄒ여〈경신록언해(1796) 66a〉

'졔비'가 현대 국어와 같은 '제비'로 변화한 것은 근대
국어 시기에 치경음이었던 ㅈ이 구개음이 되면서 '져'와 '저'의 소
리 구별이 사라지게 된 현상과 관련이 있다.

어미 간덕은 유융 시의 ᄯᅩᆯ이니 져비 알 ᄲᅥ러ᄇ리ᄆᆞᆯ 보
고 숨쪄 셜롤 나흐니 〈십구사략언해(1832) 1:28b〉 / 또 ᄒ로ᄂᆞᆫ
곤ᄒ야 방문 밧긔 누엇더니 홀연 졔비 ᄯᅩᆼ이 두 눈에 ᄯᅥ러
져 보지 못ᄒ야 소경이 된지라 〈주년(1865)39b〉

동아시아 한자문화권에서 제비를 가리키는 이름으로
여전히 한자 燕과 관련된 것이 많다. 한국어에서는 제비라는 고
유어를 사용하지만, 중국어는 '燕子'를, 일본어와 베트남어에서는
한자 '燕'에 해당하는 말을 사용한다. 각 언어권별로 표기와 발음
을 제시하면 아래와 같다.

<한국어>제비   jebi

<중국어>燕子   yànzi

<일본어>燕 つばめ   tsuba-me

<베트남어>燕   én, yến

제비를 닮아서 이름에 제비가 들어간 것에는 '제비나
비, 제비갈매기, 제비추리'와 같이 동물 과 관련된 이름도 있고,
'제비꽃, 제비콩'과 같은 식물 이름도 있다. 제비나비는 꼬리가 제
비꼬리를 닮아서, 제비갈매기는 외양과 나는 모습이 닮아서 붙은
이름이다. 제비추리는 소고기 부위 중 하나인데, 소의 갈빗살 안
쪽에 제비가 날개를 펼친 모양처럼 길고 날씬하게 붙어 있는 고기

를 가리킨다. 제비꽃은 개화 시기가 제비가 오는 시기쯤이라서 붙은 이름이고, 제비콩은 까만 콩에 하얀 콩눈이 있는 모습이 제비의 외양과 닮아서 붙은 이름이다.

'제비족'이라는 말도 있는데, 그 어원에 대해서는 여러 설이 있다. 첫째는 '연미복(燕尾服)' 설이다. '연미복(swallow-tail coat)'은 서양 무도회장에서 남성들이 입던 정장 중의 하나인데, 저고리의 뒤가 두 갈래로 길게 내려와 마치 제비의 꼬리처럼 보인다. 둘째는 '제비'의 외모에 근거한 설이다. '제비'의 등은 윤기가 흐르는 푸른빛을 띤 검은색이고 배는 흰색이기 때문에 아주 깔끔하고, 움직임도 빠르고 날렵하기 때문에 이러한 제비의 외모가 제비족의 외모와 비슷하다는 것이다. 셋째는 일본어 제비, 즉 燕(츠바메) 유래설이다. 일본어에서 '燕(츠바메)'은 연상의 여자에게 귀염받는 젊은 남자를 가리킨다.* 일본어 '제비'가 이러한 뜻을 갖게 된 것은 20세기 초 일본의 여권운동가 히라쓰카 라이초(平塚雷鳥·1886~1971)의 스캔들이 그 기원이라고 한다. 히라쓰카는 5세 연

---

* 　조항범(2009), 『정말 궁금한 우리말 100가지』, 예담.

하의 화가 오쿠무라 히로시(奧村博史)와 사랑에 빠져 동거를 하지
만, 동료들의 비난에 오쿠무라는 '조용한 물새들이 사이좋게 놀고
있는 곳에 한 마리 제비가 날아와 평화를 망쳤다. 젊은 제비는 연
못의 평화를 위해 날아가 버린다'는 시를 남겼다. 이후 일본에선
여성의 나이 어린 애인 또는 정부(情夫)를 '제비'로 표현했고, 이 말
이 우리나라로 건너와 그 뜻이 일부 변용을 겪어 '제비족'이라는
말로 굳어진 것으로 보는 견해도 있다.*

---

* 우정렬, [상식의 재구성]부유한 여성을 유혹하는 '제비족'의
   어원은…, 동아일보 2014년 2월 17일자 기사.

8. 백구(白鷗)와 갈매기

부산에는 갈맷길이 있다. 갈맷길은 부산을 상징하는 갈매기와 길의 합성어로, 바다와 강, 산과 온천을 모두 갖춘 사포지향(四包之鄕) 부산의 지역적 특성을 느낄 수 있는 걷기 코스를 가리키는 말이다. 갈맷길이라는 단어 구성이 합성어를 만드는 일반적인 방법의 합성은 아니지만, 그 길을 표현하기에는 부족함이 없다. 부산이라는 도시도 바다를 빼놓고 이야기할 수 없지만, 바다를 이야기하면서 갈매기를 빼놓을 수 없을 만큼 바다에 사는 갈매

기는 바다의 상징이다.

갈매기는 몸의 길이는 45cm, 편 날개의 길이는 115cm 정도이다. 머리와 몸은 대체로 흰색, 등과 날개는 회색, 부리와 다리는 노란색이다. 물갈퀴가 있어 헤엄을 잘 치고 물고기를 잡아먹는다. 해안, 항구에 사는데 북반구에 분포한다. 괭이갈매기, 붉은부리갈매기, 재갈매기, 제비갈매기 따위가 있는데, 우리나라에서는 괭이갈매기가 가장 흔하다고 한다. 괭이갈매기는 울음소리가 고양이(괭이) 울음소리를 닮았다고 해서 붙여진 이름이다.

갈매기들은 주로 해안이나 강의 하구, 호수 등의 육지와 가까운 바닷가나 물가에서 물고기나 곤충 등의 먹이를 주로 먹고 사는 특징이 있고, 일부 철새들의 경우에도 그다지 먼 거리를 이동하지 않지 않아서 굳이 멀리 날 필요가 없기 때문에 대부분 날개의 기능이 근거리 비행에 알맞게 진화되어 있다고 한다. 그래서 대부분의 갈매기들은 먹이가 풍부한 육지 근처에서 안주하려는 습성이 강해서 많은 에너지를 소모하면서까지 굳이 높이 날려고 하지 않는다고 한다.

학명은 Larus canus이다. 라틴어로 Larus는 "갈매기

또는 큰 바닷새"를 뜻하고, canus는 "회색(의)"이라는 뜻이다.

　　　우리말 갈매기와 같은 뜻으로 쓰는 한자어 이름은 백구(白鷗)와 수효(水鴞)이다. 이 한자어 이름이 갈매기에 붙여진 유래는 여러 문헌들에 밝혀져 있다.

　　　『본초강목』에서는 '鷗'를 표제어로 하고, '鷖(예)'와 '수효(水鴞)'와 같다고 하였다. 이시진은 '갈매기[鷗]는 수면에 떠 있는 것이 거품처럼 가볍게 출렁인다. 예(鷖)는 울음소리이다. 효(鴞)는 모양이 유사하기 때문이다. 바다에 있는 것을 해구(海鷗)라 하고, 강에 있는 것을 강구(江鷗)라 하는데, 강하(江夏) 지역 사람들이 와전하여 강아(江鵝)라 하였다. 바다에 있는 어떤 한 종은 조수를 따라 왕래하는데, 신부(信鳧)라 한다.'라고 하였다. 『삼재도회』에서는 갈매기의 울음소리를 표현한 '鷖(예)'를 표제어로 삼았다.

　　　유희의 물명고에서는 '鷗(구)'를 표제어로 하고, 우리말로 '갈머기'라고 하였다. 구는 백합(白鴿, 흰 집비둘기)과 비슷한데 부리와 다리가 길고 무리를 지어 날며 해처럼 빛나니 '수효(水鴞), 신부(信鳧), 예(鷖)'와 같다고 설명하였다.

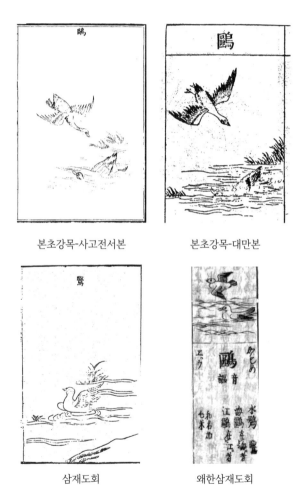

본초강목-사고전서본   본초강목-대만본

삼재도회   왜한삼재도회

현대 국어 '갈매기'의 옛말은 '골며기'로 15세기 문헌에서부터 나타났다. 19세기 문헌까지도 '골며기' 형태만 확인된다.

서르 親ᄒ며 서르 갓갑ᄂ닌 믌 가온딧 골며기로다 〈두시언해_초(1481) 7:4a〉 / 鷗 골며기 구 〈훈몽자회(1527) 상:9a〉 / 白鷗肉 골며기 〈동의 보감(1613) 1:40b〉 / 江鷹 골며기 海猫兒 골며기 〈역어유해(1690) 하:27b〉 / 江鷹 골며기 〈동문유해(1748) 하:34b〉 / 골며기 구 鷗 〈왜어유해(1781) 하:20b〉 / 鷗 갈마기〈광재물보(19세기)介蛤:1a〉 / 갈막이 鷗 빅구 白鷗〈한불자전(1880)〉 / 갈막이 鷗 ->빅구 白鷗〈한영자전(1897)〉 / 鷗 갈마기 구〈신정천자문(1908)〉 / 鷗 갈맥이 구〈부별천자문(1913)〉 / 갈막기 구 鷗〈초학요선(1918)〉

중간 단계의 표기가 없기 때문에 '골며기>갈매기'의 변화 과정을 정확히 확인할 수는 없지만, 근대국어 시기에 어두음절에서 모음 'ᆞ'가 'ㅏ'로 변화함에 따라 '골>갈'로 변화하고, 제2음절의 모음 'ㅕ'가 전설모음화 및 이중모음의 단모음화를 거쳐

'ㅐ'로 변화하여 현대 국어와 같은 '갈매기' 형태가 등장하게 된
것으로 추정된다.

　　김천택의 『청구영언(靑丘永言)』에 나오는 백구사(白鷗
詞)의 '백구'가 갈매기이다.

　　　白鷗ㅣ야 말 무러보쟈 놀라지 마라스라
　　　名區勝地룰 어듸어듸 부렷ᄃ니
　　　날ᄃ려 仔細히 닐러든 네와 게 가 놀리라

　　어디든 자유롭게 갈 수 있는 갈매기를 의인화하여 아
름다운 자연 속에서 노닐고 싶은 마음을 드러낸 시조이다. 자연과
하나가 되어 동화되고 싶은 마음을 표현하고 있다.
　　고시조에서 갈매기를 뜻하는 한자어 '백구'는 "자연의
벗"을 상징하여 자주 사용된다.

　　　백구야 놀나지 말아 너 잡을 ᄂ니 아니로다

성상(聖上)이 바리시니 갈 듸 업셔 예 왓노라

이제란 공명(功名)을 하직(下直)하고 너를 좃차 놀니라

　　인간 세상의 부귀니 공명이니 하는 것을 다 잊어버리고, 강호에 숨어서 백구와 벗하여 유유자적하는 생활을 누리는 삶을 강조하고 있다.

　　구맹(鷗盟) 또는 백구맹(白鷗盟)이라는 말이 있다. "갈매기와 벗한다"는 뜻으로, 은거(隱居)하여 자연(自然)을 즐긴다는 의미를 담고 있다. 그래서 조정에 벼슬하러 나갈 일이 생기면 갈매기에게 곧 돌아오겠다는 약속으로 백구맹을 하고 떠났다고 한다.

　　김삿갓으로 알려진 김병연(金炳淵, 1807~1863)의 '白鷗'라는 칠언절구 한시도 전한다.

沙白鷗白兩白白　모래도 희고 갈매기도 희고 다 희니

不辨沙白與白鷗　어느 것이 모래고 어느 것이 갈매긴지 분

　　　　　　　　　간할 길이 없더니

漁歌一聲忽飛去　뱃노래 한 곡조 들리자 갑자기 다 날아가고

然後沙沙復鷗鷗 그제서야 모래는 모래대로 갈매기는 갈매
기대로 나뉘었네.

햇빛을 받은 모래는 눈부시게 빛났고, 갈매기도 마찬
가지였을 것이다. 모래와 갈매기의 구분없이 사라지고 온통 새하
얗게 보이는 순간 어부가 부르는 노래 한 소절에 갈매기가 날아가
버리니 비로소 모래가 보이고, 모래와 갈매기가 구분 되더라는 내
용의 시이다.
서정주의 '영산홍'이라는 시에도 갈매기가 등장한다.
꽃이름인 제목을 보면 갈매기가 주인공이 아닌 것 같지만, 실제
이 시에서 갈매기가 가지는 지분은 크다.

영산홍

서정주

영산홍 꽃잎에는
산이 어리고
산자락에 낮잠 든

슬픈 소실댁

소실댁 툇마루에

놓인 놋요강

산너머 바다는

보름 살이 때

소금 발이 쓰려서

우는 갈매기

소실댁의 고달픈 삶과 한계가 발이 쓰려서 우는 갈매기로 표현되고 있다. 고되고 힘든 시집살이에 지쳐 잠든 소실댁은 영산홍 꽃잎처럼 곱고 연약하지만, 핏빛 한이 맺혀 있다. 그러나 소금 발이 쓰려서 울지만 바다를 떠날 수 없는 갈매기처럼 소실댁도 정해진 운명에서 결코 벗어날 수 없음을 한탄하고 있다. 바다와 갈매기의 운명적인 관계를 소실댁과 시집살이에 빗대어 표현하고 있다.

동아시아 한자문화권에서 갈매기를 가리키는 이름으로 여전히 한자 鷗와 관련된 것이 많다. 한국어에서는 갈매기라는

고유어를 사용하지만, 중국어와 베트남어에서는 동일하게 '海鸥'
를 사용하고, 일본어에서는 한자 '鷗'에 해당하는 말을 사용한다.
각 언어권별로 표기와 발음을 제시하면 아래와 같다.

〈한국어〉갈매기   galmaegi

〈중국어〉海鸥   hǎiōu

〈일본어〉鷗 カモメ   kamome

〈베트남어〉海鷗   hài âu

　　일본어로 갈매기는 카모메(かもめ)라고 한다. 사실 카모메라는 말은 갈매기라는 원래의 뜻보다 '카모메식당'이라는 제목의 영화로 더 친숙하다. 이 영화 주인공인 일본 여성 사치에는 핀란드의 수도 헬싱키의 한갓진 골목에 작은 일식당 '카모메 식당 かもめ食堂'을 개업한다. 바다를 면하고 있는 항구 헬싱키에 크고 뚱뚱한 갈매기들이 많았는데, 잘 먹어서 뚱뚱한 핀란드의 갈매기들이 좋다는 이유로 붙인 이름이다. 거대한 핀란드의 갈매기를 보며 어린 시절 키우던 뚱뚱한 고양이를 떠올린다. 이 영화에서 갈매기는 핀란드라는 아주 낯설고 새롭고 신선한 환경을 상징한다. 그러나 핀란드의 크고 뚱뚱한 갈매기에서 익숙한 고양이를 떠올릴 수 있듯이 어느 곳에서나 인간의 삶은 크게 다르지 않으며 언제 어디서든 우리가 마음먹기만 하면 새로 시작할 수 있음을 말하고 있다.

　　우리나라에서 『갈매기의 꿈』으로 번역된 『Jonathan Livingston Seagull』은 전직 비행사였던 리처드 바크가 1970년에 발표한 소설로 전세계적으로 인기를 얻은 베스트셀러였다.

　　조나단 리빙스턴은 단지 먹이를 구하기 위해 하늘을 나는 다른 갈매기와는 달리 비행 그 자체를 사랑하는 갈매기이다.

멋지게 날기를 꿈꾸는 조나단은 진정한 자유와 자아실현을 위해
고단한 비상의 꿈을 꾼다. 조나단의 이러한 행동은 갈매기 사회
의 오랜 관습에 저항하는 것으로 여겨져 다른 갈매기들로부터 따
돌림을 받게 되고 끝내 그 무리로부터 추방당하게 된다. 동료들의
배척과 자신의 한계에도 좌절하지 않고 끊임없는 자기수련을 통
해 완전한 비행술을 터득한 조나단은 마침내 무한한 자유를 느낄
수 있는 초현실적인 공간으로까지 날아올라 꿈을 실현하게 된다.
그러나 조나단은 자기만족에 그치지 않고 동료 갈매기들까지 초
월의 경지에 도달하는 길로 이끈다.

　　　　이 작품은 남다른 비행을 통해 자유와 이상, 자아의
완성과 초월을 추구하고자 하는 갈매기 조나단 리빙스턴을 통해
인간의 진정한 길을 묻는 작품이다. 자유의 참된 의미를 깨닫기
위해 비상을 꿈꾸는 한 마리 갈매기를 통해 인간 삶의 본질을 상
징적으로 그리고 있어서 감동적이다. 특히 다른 갈매기들의 따돌
림에도 흔들림없이 꿋꿋하게 자신의 꿈에 도전하는 갈매기의 인
상적인 모습에서 자기완성의 소중함을 깨닫게 된다.

　　　　이 소설의 가장 유명한 문장은 '우리 모두의 마음 속에

깃들어 있는 갈매기 조나단에게- 가장 높이 나는 갈매기가 가장 멀리 본다(The gull sees farthest who flies highest)'이다. 작가는 이 문장을 통해 삶의 진리를 일깨우며, 우리 인간들에게 눈앞에 보이는 일에만 매달리지 말고 멀리 앞날을 내다보며 저마다 마음 속에 자신만의 꿈과 이상을 간직하며 살아가야 한다고 말하고 있다.

9. 치효(鴟鵂)와 올빼미

부엉이   올빼미

밤에 활동하는 사람을 올빼미라고 한다. 야행성 조류인 올빼미의 습성에 사람을 빗댄 표현이다.

올빼미는 등과 배는 누런빛을 띤 갈색이고 세로무늬가 있다. 눈가의 털은 방사상으로 나고 얼굴은 둥근데 귀깃이 없다. 한국, 일본, 아시아 동북부, 유럽 등지에 분포하며, 천연기념물로 지정되어 있다. 한편, 부엉이는 올빼밋과의 솔부엉이, 수리부

엉이, 칡부엉이 따위를 통틀어 이르는 말로, 야행성이거나 박모성
(薄暮性) 종이 많지만 쇠부엉이같이 낮에 활동하는 종도 있다. 올빼
미와 부엉이는 한국어에서도 잘 구분되지 않아서 종종 혼동이 일
어난다. 올빼미와 부엉이의 구분은 귀깃의 유무로 구별할 수 있
다. 올빼미는 귀깃이 없고, 부엉이는 귀깃이 있다고 한다. 그러나
이러한 구분에도 불구하고 생물 분류학상으로는 '부엉이'는 존재
하지 않는다. 그저 올빼밋과의 '쇠부엉이, 칡부엉이, 수리부엉이'
등의 이름이 있을 뿐이다. 흔히 부엉이라고 불러 온 것은 대체로
수리부엉이를 말한다.

　　　　그리고 한자어 치효(鴟鴞) 역시 올빼미로 해석되기도
하고, 부엉이로 해석되기도 한다. 표준국어대사전과 우리말샘에
서는 치효(鴟梟)와 치효(鴟鴞)가 각각 별개의 표제어로 등재되어 있
다. 전자는 올빼미를 가리키고, 후자는 부엉이를 뜻한다. 그러나
고려대한국어대사전에서는 '치효'라는 표제어로는 올빼미를 뜻
하는 치효(鴟梟)만 등재되어 있다. 다음은 표준국어대사전의 뜻풀
이를 가져온 것이다.

치효[1](鴟梟) 「1」『동물』 올빼밋과의 새. 등과 배는 누런 빛을 띤 갈색이고 세로무늬가 있다. 눈가의 털은 방사상으로 나고 얼굴은 둥근데 귀깃이 없다. 야행성으로 한국, 일본, 아시아 동북부, 유럽 등지에 분포한다. 천연기념물 제324-1호.=올빼미. 「2」 포악하게 빼앗는 성질이 있는 사람을 비유적으로 이르는 말.

치효[2](鴟鵂)『동물』 올빼밋과의 솔부엉이, 수리부엉이, 칡부엉이 따위를 통틀어 이르는 말. 야행성이거나 박모성(薄暮性) 종이 많지만 쇠부엉이같이 낮에 활동하는 종도 있다. 전 세계에 23속 130여 종이 알려져 있다.=부엉이.

올빼미의 유의어로 제시된 한자어는 계효(鷄鵂), 산효(山鵂), 치효(鴟梟), 토효(土梟), 효치(梟鴟), 훈호(訓狐)이고, 부엉이의 유의어로 제시된 한자어는 목토(木兔), 치효(鴟鵂), 휴류(鵂鶹)이다.

올빼미의 학명은 Strix aluco이다. 속명인 Strix는 그리스어로 "올빼미"를 뜻하고, 종소명 aluco는 라틴어로 본종인 올빼미, 즉 숲올빼미를 이른다.

　　『본초강목』에서는 '鵂(효)'를 표제어로 삼고, '梟鵂, 土梟〈爾雅〉, 山鵂〈晉灼〉, 雞鵂〈十六國史〉, 鵩〈漢書〉, 訓狐〈拾遺〉, 流離〈詩經〉, 魖魂' 등과 같다고 하였다. 이시진은 효(鵂)와 효(梟), 훈호(訓狐)는 그 울음소리라고 하엿다. 복(鵩)은 그 색이 복색을 갖춘 듯함을 말하며, 이인(俚人)들이 와전시켜 훈호를 행호(幸胡)라 한 것이라고 하였다. 치(鴟 올빼미)와 효(鵂 부엉이)는 두 가지 생물이다. 그런데 주공(周公)이 합쳐서 읊었으므로 후세 사람들이 마침내 치효를 하나의 새로 여겼으니, 잘못이라고 하였다. 홍(魖) 자는 《운서(韻書)》에서 상고할 것이 없고, 흉옹절(匃擁切)로 써야 한다. 홍혼이나 유리(流離)는 상서롭지 못함을 말한다. 오구(吳球)의 처방에서는 혼을 내쫓는다고 하였다. 올빼미는 자라면 어미를 먹으므로 옛사람들은 하지(夏至)에 책형(磔刑)을 하였는데, 그 글자는 새 대가리가 나무에 매달려 있는 것을 따랐다고 하였다.

　　　　진장기는 효(鵂)는 곧 효(梟)로 복(鵩)이라고도 하며, 오(吳)나라 사람들은 홍혼이라 불렀는데, 나쁜 소리를 내는 새이다. 가의(賈誼)는 복(鵩)은 부엉이와 비슷하다고 하였는데, 실제로는 같은 것으로, 방으로 들어가면 방 주인이 떠나간다. 이 새는 대낮에

는 사물을 보지 못하지만 밤에는 날아다니다가 항상 민가로 들어
가 쥐를 잡아 먹는다. 《주례》에서 '척족씨(哲蔟氏)가 요조(夭鳥)의
둥지를 없애는 일을 주관하였다.'라고 하였고, 그 주(注)에 나쁜 소
리를 내는 새는 효(鴞), 복(鵩), 귀거(鬼車) 같은 것들이라고 했다고
하였다.

　　　　이시진은 "효(鴞), 복(鵩), 휴류(鵂鶹), 효(梟) 모두 나쁜
새인데, 학자들이 이따금 주(注)에서 혼동하여 설명하였다. 가의
(賈誼)는 복은 효와 비슷하다 하였고, 진장기(陳藏器)는 호와 훈호를
두 가지로 여겼고, 허신(許愼)과 장화(張華)는 효복(鴞鵩)과 휴류를
같은 것으로 여겼고, 왕일(王逸)은 복을 훈호(訓狐)라 하였고, 진정
민(陳正敏)은 효(梟)를 백로(伯勞)로 보았고, 종름(宗懍)은 토효(土梟)
를 구관조로 보았으니, 각각 한 가지 설만 고집하였다. 지금 두루
근거를 살펴보건대, 모두 야인(野人)들에게서 자문해 보면, 효(鴞),
효(梟), 복(鵩), 훈호(訓狐)는 같은 것이다. 휴류는 다른 한 가지이다.
진장기가 말한 훈호의 모습은 휴류이다. 효(鴞)는 지금 민간에서
행호(幸胡)라고 하는 것으로, 곳곳의 산 숲에 있기도 하다. 어릴 때
는 아름답고 좋지만 자라면 추악해져 모습이 암탉 같고 반점과 무

늬가 있으며 대가리는 구관조 같고 눈은 고양이 눈과 같으며, 스스로 이름을 부르고, 상심(桑椹)을 잘 먹는다. 《파촉이물지(巴蜀異物志)》에서는 '복(鵩)은 작은 닭과 같고 몸에 문채가 나므로 민간에서는 그것으로 인해 이름을 지었다. 멀리 날지 못하므로 움직여도 지경을 벗어나지 못한다.'라고 하였다. 성홍지(盛弘之)의 《형주기(盛弘之)》에서는 '무현(巫縣)에 있는 어떤 새는 암탉과 같은데, 그 이름을 효(鴞)라 한다. 초나라 사람들은 복(鵩)이라 한다.'라고 하였다. 육기(陸璣)의 《시소(詩疏)》에서는 '효는 크기가 비둘기만 하고 녹색이며, 사람이 사는 집으로 들어가면 흉하게 되는데, 가의가 말한 부복(賦鵩)이 이것이다. 그 고기는 매우 맛이 있어서 국을 끓여 먹거나 구워 먹는다.'라고 하였다. 유순(劉恂)의 《영표록이(嶺表錄異)》에서는 북방 지역의 효(梟)가 울면 사람들이 괴이하게 여긴다. 남쪽 지역에서는 밤낮으로 날면서 우는데, 까마귀나 까치와 다름없다. 계림(桂林) 지역 사람들이 집집마다 그물로 잡아서 쥐를 사냥하도록 하는데, 살쾡이보다 뛰어나다고 한다고 하였다. 여러 가지 설을 합하여 보면 효(鴞), 복(鵩), 훈호(訓狐)는 같은 것임이 분명하다고 하였다.

　　유희의 물명고에서는 '鵂'를 표제어로 하고, 이에 대
응되는 우리말은 '옷밤이'라고 적었다. '梟鴟(효치)·土梟(토효)·雞
鵂(계효)·訓狐(훈호)·幸胡(행호)·鵩(복)·流離(유리)·魖魂(중혼)·夜狛(야
유)·禿角(독각)·夜遊女(야유녀)'와 같다. 치효(鴟鵂)는 『시경』 주(註)에
서 '휴류(鵂鶹)'라고 여겼으나 『장자』 같은 데서는 밤중에 '조(蚤, 벼
룩)'를 잡고 털끝까지도 헤아려보지만 낮에는 언덕이나 산도 보지
못한다 라는 글이 보이니 '올빼미'에 딱 들어맞는다. 그러나 육기
의 『소(疏)』에 이르기를 '치효'는 '넝결'이니, '황작'과 비슷한데 작
고, 그 부리는 뾰족하며, '모유(띠의 이삭)'를 얻어다가 둥지를 만들
어 나뭇가지를 붙여 매달아 놓으니, 다른 이름으로 '교부'라고 하
였는데, 이는 우리말로 '뱁새'를 가리키니 의심할 만하다. 류리(流
離)는 어릴 때 아름답지만 자라서 추해지는 새인데, 중국 관서지
방에서는 '효(梟)'의 새끼를 류리라고 한다.(鴟鵂[詩註則以爲休留 而若
以荀子夜撮蚤 察毫末 晝不見邱山之文觀之 正合於鵂 然陸機疏云 鴟鵂 䳋鳩也
似黃雀而小 其喙尖 取茅莠爲窠 懸著樹枝 一名巧婦 是指뱁새也 可訝] 流離(유
리)[少好長醜之鳥 關西謂梟子流離])

본초강목-사고전서본　　　　본초강목-대만본

삼재도회　　　　왜한삼재도회

본초강목-사고전서본   본초강목-대만본

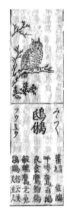

삼재도회   왜한삼재도회

　　시경언해 물명에는 鴟鵂에 해당하는 한글 대응어로 '부훵이', 鵂에 해당하는 한글대응어로 '올바미, 오도새'로 나타난다. '鵂'와 '梟'는 같은 자로 서로 통해서 쓴다. 한자 梟는 올빼미 효로, 鵂는 부엉이 효로, 鴟는 솔개, 수리부엉이, 올빼미 치로 새긴다.

　　올빼미를 나타내는 한자 '梟(올빼미 효)'는 아래에 있는 '木'이 의미부이고, '鳥'의 생략된 모습이 소리부로 구성된 형성자이다. 새의 머리가 나무 위에 올려진 모습으로 몸 전체가 얼굴처럼

增訂附圖字典釋要(1920)

보이는 올빼미의 특징을 그렸다. 올빼미는 어미를 잡아먹는다고
해서 '食母'로, 불효의 새라는 뜻으로 不孝鳥로 불리기도 한다.*

　　지석영의 『증정부도자전석요』에서는 그림과 함께 해
당 한자가 지시하는 대상을 밝히고 있다. '치(鴟)'에 해당하는 그림
으로 귀가 있는 부엉이가 그려져 있고, '효(鵂)'에 해당하는 그림으
로 귀가 없는 올빼미가 그려져 있다.

　　동의보감에는 '梟木 올바미눈'이 나오는데, 이것을 먹
으면 밤에도 사물을 볼 수 있게 된다고 하였다.

　　　　梟木 올바미눈 無毒. 呑之令人夜見物. 肉主鼠瘻 古人
　　重其炙 固當肥美. 一名梟, 一名鵬, 惡聲鳥也. 此鳥, 盛午不
　　見物, 夜則飛行, 入人家捕鼠《本草》又有鵂鶹, 亦是記類. 似
　　鴟, 有角, 兩目如猫兒, 夜飛晝伏, 畜之辟鬼邪《本草》
　　　　독이 없다. 삼키면 밤에도 사물을 볼 수 있게 된다. 고

---

*　하영삼, 『한자어원사전』, 도서출판 3, 2014(초판)/2018(개
　　정판).

기는 서루에 주로 쓴다. 옛사람들은 구운 것을 중하게 여
겼는데 살지고 맛이 매우 좋기 때문이다. 효(梟)라고도 하
고 복(鵩)이라고도 하는데, 불길한 소리를 내는 새이다. 이
새는 한낮에는 사물을 보지 못하다가 밤이 되면 인가에 날
아 들어가 쥐를 잡는다《본초강목》 또 부엉이도 있는데 역시
같은 종류이다. 소리개와 비슷하고 뿔이 있으며 두 눈은
고양이와 비슷한데, 밤에는 날고 낮에는 숨어 있다. 이것을
기르면 귀신을 쫓는다《본초강목》

현대 국어 '올빼미'의 옛말인 '올바미'는 15세기 문헌
에서부터 나타난다. 16세기에 '올바미'와 함께 '옷바미'도 나타난
다. '올바미, 옷바미'의 제1음절 종성이 제2음절의 초성을 된소리
가 되게 하고, 또 다른 한편으로는 제1음절 종성이 'ㄷ'에서 'ㄹ'
로 바뀌어 19세기에 '올빰이' 형태가 나타나게 되었다. 그리고 '올
빰이'에서 마지막 음절의 'ㅣ' 모음의 영향으로 제2음절의 'ㅏ'가
'ㅐ'로 바뀌는 ㅣ모음역행동화 현상에 따라 현대 국어의 '올빼미'
형태가 등장하게 되었다.

賈生이 올바밀 對ᄒ야 王傳 두외야쇼몰 슬코 〈두시언해(1481) 21:40〉 / 아쳐로몰 쇼로기와 올바미 ᄀᆞ티 너기리니 〈번역소학(1518) 8:30a〉 / 鵂 옷바미 휴, 鵬 옷바미 류 〈신증유합(1576) 상:12b〉 / 뎌 놈들은 그저 옷밤이오 强盜ㅣ 아니라 〈박통사언해(1677) 중:35b〉 / 夜猫 옷밤이 禿角 옷밤이 〈역어유해(1690) 하:28a〉 / 夜猫 옷밤이 〈몽어유해(1790) 하:28b〉 / 올바미 효 梟 〈왜어유해(1781) 하:21a〉 / 옷밤이 梟 〈한불자전(1880)〉 / 올빰이 효 梟, 올빰이 눈 밤에 밝다 夜蛸最瓜 〈국한회어(1895)〉

올빼미는 '올바미〉올바미〉올빼미'의 형태 변화를 거쳐서 현대국어 올빼미로 정착되었다.

현대 국어 '부엉이'의 옛말인 '부헝'은 15세기 문헌에서부터 나타난다. '부헝'에 접미사 '-이'가 결합한 '부헝이'의 예는 17세기 문헌에서부터 확인되나, 16세기 문헌에는 '부헝'의 제1음절 모음 'ㅜ'의 영향으로 제2음절에 반모음 w가 첨가된 '부훵'에 접미사 '-이'가 결합한 '부훵이'의 예가 나타난다. 19세기에는 '부헝이'에서 모음 사이의 ㅎ이 탈락한 '부엉이' 형태가 등장하여 오늘날까지 이르게 되었다.

부헝 爲鵂鶹 〈훈민정음해례(1446) 56〉 / 鵂 부훵이 휴 鶹 부
훵이 류 鵩 부훵이 효 〈훈몽자회(1527) 상:8b〉 / 鵩 부훵이 효
〈신증유합(1576) 상:12b〉 / 鵂鶹 부헝이 〈역어유해(1690) 하:27b〉
/ 鵂鶹 부헝이 〈동문유해(1748) 하:34b〉 / 부헝이 鵂 〈한불자전
(1880) 339〉 / 부엉이 鵂 〈한불자전(1880) 338〉

부엉이는 향약집성방의 '付凰'부터 시작해서 '부헝〉부
훵이〉부헝이〉부엉이'의 형태 변화를 거쳐 현대국어 부엉이로 자
리잡았다.

부엉이는 민속에서는 한밤중에 우는 부엉이 소리가 죽
음을 상징하는데, 예로부터 부엉이가 동네를 향해 울면 그 동네의
한 집이 상을 당한다고 하였다. 동양에서는 어미를 잡아먹는 불효
조(不孝鳥)로 여긴다. 또 먹이를 닥치는 대로 물어다가 쌓아 두는 습
성이 있어 재물을 상징하기도 한다. 한편 '고양이 얼굴을 닮은 매'
라고 해서 묘두응(猫頭鷹)이라고도 불렸다. '고양이 묘(猫)'는 70세

노인을 뜻하는 '모(耄)'자와 음이 비슷해 장수를 상징하기도 한다.

　　『채근담』에서 '飛蛾獨投夜燭 鴟鴉偏嗜腐鼠'이라고 하여 "맑은 하늘과 밝은 달빛이 있어 어딘들 먹을 것이 없을까마는 올빼미는 굳이 썩은 쥐를 즐겨 먹는다."고 하여 허망하고 덧없는 욕망의 늪에서 허우적거리는 인간의 잘못된 선택을 표현한다.

　　중국 한나라 때 가의는 전국시대 초나라의 시인 굴원을 애도하면서 '난새와 봉황이 숨음이여 치효가 높이 날도다(鸞鳳伏竄兮 鴟鴞高翔)'라고 하여 선인과 군자는 쫓겨나고, 소인배가 득세한 초나라의 상황을 비유하였다. 여기서 난새와 봉황이 선인과 군자를 뜻하고, 치효가 소인배를 뜻한다.

　　동아시아 한자문화권에서 올빼미나 부엉이를 가리키는 이름으로 여전히 한자에서 유래한 것을 쓰고 있지만 각 언어별로 약간의 차이가 있다. 각 언어권별로 표기와 발음을 제시하면 아래와 같다.

〈한국어〉올빼미 / 부엉이　　olppaemi / bueongi

〈중국어〉灰林鴞 / 猫头鹰　　huīlínxiāo / māotóuyīng

〈일본어〉梟ふくろう / 木菟みみずく　　fukurō / mimizuku

〈베트남어〉cú vọ / cú mèo

　　한국어에서는 올빼미나 부엉이이라는 고유어를 사용한다. 중국어와 일본어는 한자를 사용하지만 사용하는 한자는 차이가 있다. 부엉이를 지칭하는 중국어와 베트남어에 동일하게 '猫(고양이 묘)'와 관련되는데, 베트남어 mèo가 '猫'이다.

　　'owl'은 야행성 맹금류를 가리키며, 게르만 조어 '*uwwalon-'으로부터 고대 영어 'ule', 중세 영어 'oule'가 나왔으며, "올빼미(owl)"를 뜻한다. 인도유럽조어(PIE) '*u(wa)l-'의 축소형은 울부짖음 또는 올빼미 소리를 흉내낸 것이다. owl은 야행성 동물이기 때문에 어둠이나 암흑, 죽음, 불길한 징조 등을 상징한다. 그러나 유럽에서는 그리스신화의 아테나와 로마신화의 미네르바 여신의 상징이 바로 owl이기 때문에 지혜를 상징한다. 그래서 'as wise as an owl'이라고 하면 아주 똑똑하고 지혜롭다는 뜻이다.

경주 황룡사지 출토 치미
국립경주박물관 소장

한편, '鴟'자가 들어가는 전통 건축 용어로 치미(鴟尾)라고 하는 것이 있다. '망새'라고도 불리는 치미는 왕이 거처하는 궁의 기와지붕 양쪽 용마루 끝 장식을 가리키는 이름이다. 이렇게 궁의 지붕 양쪽 끝에 올빼미 꼬리 모양의 치미를 장식하는 것은 길상(吉祥)과 어두운 밤에 하늘에서 나쁜 기운이 서릴 때 막아주는 벽사(辟邪)를 기원하기 위해서라고 한다. 중국 동진(東晉, 317~420년)때부터 쓰이기 시작했다고 하는데, 우리나라는 삼국시대 이후 고려 중기까지 썼던 것으로 알려져 있다.

그리고 중국 상나라(BC 1600~1046) 때 만들어졌다고 추정되는 효존(鴞尊) 청동기 술병은 중국 하남성 하남박물관의 최고 보물급 소장품으로 전시되어 있다. 고대 제례 의식 때 사용된 술

을 담는 용기로 추정되며, 넓은
부리와 꼬리, 둥근 눈, 귀깃이 있
는 머리모양과 날개는 수리부엉
이를 닮아있다.

효존(鴞尊)
중국 하남성박물관 소장

10. 산계(山鷄)와 꿩

　　요즘은 꿩이 우리나라에서 그리 흔히 볼 수 있는 새가
아니지만, 예전에는 주요한 식량원이 될 정도로 꽤나 흔한 새였
다. 그러한 흔적은 꿩과 관련된 어
휘들이 잘 분화된 것에서도 확인
할 수 있다. 꿩 중에서 암꿩을 '까
투리'라고 하고, 수꿩을 '장끼'라고
한다. 또 까투리와 장끼 사이에서
생긴 꿩 새끼를 '꺼병이'라고 한다.
꺼병이가 조금 더 자라면 '줄레'라
고 한다. 또 꿩이 식재료로 사용될
때는 '생치(生雉)'라고 한다. 새 이
름 중에 꿩처럼 암수 및 성장 정도,
용도에 따라 각각 개별 어휘를 사

최북. 화조도(花鳥圖)
국립중앙박물관 소장

용하는 예는 그리 많지 않다. 그만큼 예전에 꿩의 암수나 성장 정
도, 용도 등에 따라 각각의 분화된 이름으로 부를 기회가 많았다
는 의미이다.

장끼

까투리와 꺼병이

꿩은 크기는 닭과 비슷하지만 알락달락한 검은 점이
많고 꼬리가 길다. 꿩의 수컷인 장끼는 목이 푸른색이고 그 위에
흰 줄이 있으며 암컷보다 크게 운다. 꿩의 암컷인 까투리는 장끼
보다 작고 갈색에 검은색 얼룩무늬가 있다. 5~6월 경 6~10개의
알을 낳으며 한국, 일본, 중국 동북부 등지에 분포한다.

학명은 Phasianus colchicus이다. 라틴어 'phasianus'
는 원래 조지아(Georgia)에 있는 강 이름 'Phasis(현재는 리오

니강 Rioni River)'에서 유래되었다고 한다. 이 말이 그리스어 'phasianos ornis(파시스 강의 새)'가 됐고 라틴어 'phasianus'로 유입된 것이다. 종의 이름인 'colchicus'는 지명인데 라틴어 'of Colchis(현재 조지아 지역에 있었던 고대 국가 콜키스의)'로 표기되며, 유럽의 꿩이 유래된 곳이다.

국어사전에서는 우리말 '꿩'의 유의어로 제주(濟州)꿩, 산계(山鷄), 야계(野鷄), 화충(華蟲)을 제시하였다.

본초강목에서 꿩은 표제어로 '雉'를 삼고, '野鷄'라고도 한다고 하였다. 구종석(寇宗奭)은 "꿩[雉]은 날다가 화살을 맞으면 단번에 떨어지므로 시(矢) 자를 따랐다. 지금 사람들은 꽁지를 가져다 배나 수레에 두어 신속하게 움직이고자 한다. 한(漢)나라 여태후(呂太后)의 이름이 치(雉)이므로 한 고조(漢高祖)가 치를 야계(野鷄)로 바꾸었다. 실제로는 닭 종류이다."라고 하였다.

이시진은 꿩에는 무늬가 있으므로 『상서(尙書)』「익직(益稷)」에서는 '화충(華蟲)'이라 하였고, 『예기』 「곡례(曲禮)」에서는 '소지(疏趾)'라 하였다고 했다. 꿩 종류는 매우 많기 때문에 각각의 모양과 색에 따라 판별할 따름이다. 『금경(禽經)』에서는 '꿩은 개조(介鳥)

이다. 바탕이 희면서 다섯 가지 색을 갖추고 있는 것을 휘치(翬雉)라 하고, 푸른 바탕에 다섯 가지 색을 갖추고 있는 것을 요치(鷂雉)라 하고, 주황색을 별치(鷩雉)라 하고, 흰색을 조치(鵫雉)라 하고, 검은색을 해치(海雉)라 한다.'라고 하였다. 『이아』에서는 '요치는 푸른 바탕에 오색을 띠고 있다. 보치(鵗雉)는 노란색이고 스스로 부르는 것이다. 적치(翟雉)는 산꿩이고, 꼬리가 길다. 교치(鷮雉)는 꼬리가 길고 달리면서 울음소리를 낸다. 질질(秩秩)은 해치이다.'라고 하였다. 범어(梵語)에서는 꿩을 가빈암라(迦頻闇羅)라 한다고 하였다.

　　　　유희의 물명고에서도 '雉'를 표제어로 하고, 우리말로 '꿩'이라고 하였다. '화충', '개조', '야계'와 같으며, '가빈사라(迦賓闍羅)'는 범어이다. '翬(휘)'는 본래 바탕이 5채이다. '鷂(요)'는 푸른색 바탕에 5채이다. '夏翟(하적)'은 5채를 모두 갖추었다. '鵫(한)'은 흰 꿩이니, 다른 이름은 '천계', '문계'이고, 어떤 사람은 '鵫(한)'을 '卓(탁)'자로 쓰기도 한다. '鸐雉(적치)'는 꼬리 길이가 서너 자이다. '鷮(교)'는 '적(鸐, 꽁지가 긴 꿩)'과 비슷하고, 다른 이름은 '산계', '산치'이다. '鷩(별)'은 주황색인 것이고, 다른 이름은 '금계(錦鷄), 금계(金鷄), 채계, 준의'이다. '수'는 남쪽 지방의 꿩이다. '옹'은 동쪽 지방의 꿩이다. '鶬(준)'은 서쪽 지방의 꿩이다. '鶲(희)'는 북쪽 지방의 꿩이다. '구치(寇雉)'는 검은 꿩이니, 다른 이름은 '일일', '해치', '탈구'이다. '복치(鵩雉)'는 누런 꿩이다. '奮(분)'은 뛰어나게 힘이 센 것이다. '소지(疏趾)'는 (제사에 쓰이는) 살찐 꿩이다. '鷚(류)'는 꿩이 늘그막에 낳은 새끼이다. '雊(구)'는 꿩이 울며 날개를 치면서 나는 것이다. '鷕(요)'는 암컷 꿩이 우는 소리이다. '엄'은 활 쏘는 동산의 '푸디게'이니 청장(靑帳, 푸른 휘장)과 같다. '誘子(유자)'는 미끼로 쓰는 꿩이다.

　　　정학유의 『시명다식』에서는 '鷮(교)'를 표제어로 삼고 있다. 주자(朱子)의 말을 인용하면서 '鷮(교, 꽁지가 긴 꿩의 일종)'는 '雉(치, 꿩)'이니 '翟(적, 꿩)'보다 조금 작고, 달리면서 울며, 꼬리가 길고, 고기는 매우 많이 좋다고 하였다. 또 육씨(陸氏)의 말을 인용해 네발 짐승 중에 맛이 좋은 것은 '麃(포, 큰고라니)'이고, 두발 짐승으로 맛이 좋은 것은 '鷮'라고 하였다. 그리고 『爾雅』에서 '鷮雉(교치)' 항목의 주(註)에서는 '鷮鷄 (교계)'라고 하고, 『소(疏)』에서는 '鷮(교)'는 꼬리가 긴 '치(雉)'로, 달리면서 우는데, 꼬리가 있고, 말 머리 장식을 만들어 천자의 수레를 끄는 말의 머리 위에 장식한다고 하였다.

본초강목-사고전서본

삼재도회

왜한삼재도회

　　문헌 자료에서는 『三國史記』 「新羅本紀」에 꿩을 의미하는 '雉'가 등장한다. 441년 2월 사물현(史勿縣)에서 꼬리가 긴 흰 꿩(白雉)을 바쳤다는 기록이 나타나는데, 옛날부터 흰 꿩은 상서로운 새로 여겨졌다. 중국 『한서(漢書)』에도 현재 베트남 북부 지방에 월상씨(越裳氏)가 흰 꿩을 바쳤다는 기록이 나오고, 『일본서기(日本書紀)』에는 일본의 고토쿠 천황(孝德天皇)이 어떤 사람이 흰 꿩을 잡아 바쳐 상서로운 새를 얻었다 하여 연호를 하쿠치[白稚]로 바꾸었다고 한다.

　　꿩은 산계(山鷄), 야계(野鷄), 제주꿩(齊州꿩), 화충(華蟲) 등으로도 불렸다. 민간에서 날개짓소리와 울음소리로 지진을 예고하는 동물로도 알려져 있는데, 조선왕조실록에도 뇌성이나 지진과 관련된 내용에서 꿩을 언급하고 있다. 이때는 꿩을 산계(山鷄)로 표기하였다.

　　江原道 寧越, 雷動, 聲如放砲, 山雞皆鳴. 강원도 영월(寧越)에 대포를 쏘는 듯한 뇌성(雷聲)이 진동하여 꿩이 모두 울었다. -명종실록 24권, 1558년 12월 30일

今二月十九日午時量, 自南方地動之時, 山雞皆驚高聲, 館舍大動. 이번 2월 19일 오시쯤에 남쪽에서 지동(地動)했는데, 그때 꿩이 모두 놀라 크게 소리를 지르고 관사(館舍)가 크게 움직였다. -선조실록 172권, 1604년 3월 19일

꿩이 우리 생활에 밀접하게 관련되어 있었기 때문에 속담에도 많이 등장한다. 요즘에도 자주 사용하는 '꿩 대신 닭', '꿩 먹고 알 먹기' 등에서 꿩은 좋은 의미로 사용된다. 아래와 같이 여러 속담에 꿩은 단골손님이다.

꿩 구워 먹은 소식 / 꿩 구워 먹은 자리 / 꿩 구워 먹은 자리엔 재나 있지 / 꿩 놓친 매 / 꿩 대신 닭 / 꿩 떨어진 매 / 꿩 먹고 알 먹고 둥지 털어 불 땐다 / 꿩 먹고 알 먹는다[먹기] / 꿩 새끼 제 길로 찾아든다 / 꿩은 머리만 풀에 감춘다 / 꿩 잃고 매 잃는 셈 / 꿩 잡는 것이 매다 / 꿩 장수 후리듯 / 꿩처럼 굴레를 벗고 쓴다 / 까투리 까투리 얼었다 / 까투리 북한 다녀온 셈이다

한문 문헌에서는 아래와 같이 암컷과 수컷을 구분하는 자웅(雌雄)으로 장끼와 까투리를 표기하거나 장끼는 雄雉라고 하고, 까투리는 雌雉라고 하여 구분하는 경우가 대부분이다.

動搖叢木, 雄雉二雌雉一, 自叢木中高飛直上

우거진 숲이 흔들리며 장끼 두 마리와 까투리 한 마리가 그 속에서 높이 날아 곧바르게 올라가므로 -세종실록 19권, 1423년 1월 12일

《詩》云: "有鷕雉鳴." 又曰: "雉鳴求其牡." 《毛傳》亦曰: "鷕, 雌雉聲." 又云: "雉之朝雊, 尚求其雌." 鄭玄注《月令》亦云: "雊, 雄雉鳴."

《詩經》에서 "꿩꿩, 까투리가 운다.[有鷕雉鳴]"라 하였고, 또 "까투리가 울며 수컷을 찾는다.[雉鳴求其牡]"라고 하였다. 《毛傳》에서도 "鷕는 까투리 소리이다.[鷕 雌雉聲]"라고 하였고, 또 "장끼가 아침에 우는 것은 그 암컷을 찾아서이다.[雉之朝雊 尚求其雌]"라고 하였다. 《禮記》〈月令〉에 대한 鄭玄의 注에서도 "雊는 장끼가 우는 것이다.[雊 雄雉鳴]"라고

하였다.

　국어사 문헌자료에는 장끼와 까투리가 잘 등장하지 않는다. 대신 중세국어 자료에 '꿩'은 나타난다. '꿩'은 꿩의 울음소리를 적은 의성어로, 15세기 문헌부터 등장한다. 근대국어 시기에 종성 표기에서 문자 'ㆁ' 대신 'ㅇ'을 사용하게 됨에 따라 '꿩'으로 표기되다가 19세기에 'ㄱ'의 된소리를 'ㄲ'으로 표기한 '꿩'이 등장하여 오늘에 이르렀다.

　궂븐 쥐를 모디 놀이시니 聖人 神武ㅣ 엇더ᄒᆞ시니 〈용비어천가(1447)〉 / 뫼햿 꿩이 제 짝 어두믈 막도소니 ᄀᆞ르맷 나본 당당이 ᄒᆞ오ᅀᅡ셔 이프리로다 〈두시-초(1481) 15:17a〉 / 鷓鴣ᄂᆞᆫ 南方의 잇ᄂᆞᆫ 새니 보미 우ᄂᆞ니 제 양재 꿩 ᄀᆞᇀᄒᆞ니라 〈남명집언해(1482) 상:7a〉 / 雉 꿩 티 〈훈몽자회(1527) 상:9a〉 / 雉 꿩 티 〈신증유합(1576) 상:12a〉 / 雉肉 꿩의 고기 〈동의보감(1613) 1:37b〉 / 野鷄 꿩 꿩 〈역어유해(1690) 하:27a〉 / 野鷄 꿩 〈동문유해(1748) 하:34b〉 / 이 엇지 봄 꿩의 우롬이 아니리오

〈명의록언해(1777) 권수상:11b〉 / 꿩 치 雉 〈왜어유해(1781) 하:21b〉

/ 쇠고기와 꿩과 돍고기롤 두드려셔 각각 약념과 유쟝을

마초 셕거 〈규합총서(1869)합:11a〉 / 꿩 雉 〈한불자전(1880)〉 / 꿩

雉 華虫 〈국한회어(1895)〉

꿩이라는 이름은 '꿩〉꿩〉꿩'의 형태 변화를 거쳐 현대
국어 꿩으로 정착한 것이다.

한편, 식재료로서의 꿩고기는 '싱티/싱치'라고 하였
다. 한자어 '生雉'에 대응되는데, 꿩을 의미하는 '雉' 앞에 '生'이
결합하여 "익히거나 말리는 등 가공의 과정을 거치지 않은 날것
의 상태"라는 의미를 나타낸다. 즉 '싱티/싱치'는 식재료라는 용
도를 기준으로 명명된 이름으로, 날것 상태의 꿩고기를 의미하는
명칭이다. '싱티/싱치'는 17~18세기 한글편지(언간) 자료에서 가
장 출현빈도가 높은 육류 명칭이다.

뎨견각 ᄒᆞ나 {싱티} 세 간다 〈숙명-47, 1652~1674년, 인선왕
후(어머니)→숙명공주(딸)〉 / 일하롤 출합ᄒᆞ면 녜ᄉᆞ 업ᄂᆞᆫ 거시

로되 네 삼촌이 ㅅ옹 뎨되매 지간ᄒ여 인ᄒ여 {싱티ᄂ} 주
긔 ᄒ여시니 삼촌씌 인ᄉ나 뎍어라 〈숙명-50, 1652~1658년〉 /
싱션 세 마리 가니 세 마리롤 다 싱션을 ᄒ여 쓰고 안쥬란
념통산뎍과 {싱치} 다리 둘 돕지 둘 네홀 구워셔 겻드려 ᄒᆞᆫ
그릇세 노케 ᄒ소 〈진주하씨묘-035/곽씨-72, 17세기 전기〉 / 무판
혹 ᄒ거든 약포 ᄇᆞ삭ᄇᆞ삭ᄒ게 몰뇌여 죠금ᄒ고 약산젹ᄒ
고 {싱치나} 돍이나 ᄊᆞ게 쵸ᄒ여 보내되 ᄀᆞ로 되게 말고 졸
게 ᄊᆞ져 쵸ᄒ여라 〈송준길가-30, 1757년〉 / 어제 싱치 언메나
잡아 왓던고 잡아 왓거든 댱모씌 보내소 즈일 가옹 〈진주하
씨묘-012/곽씨-78, 17세기 전기〉

위 한글편지에서는 대체로 편지를 보내면서 식재료인
꿩고기를 보내거나 보내라고 당부하는 내용이다. 그렇다고 한글
편지 자료에서만 '싱치'가 등장하는 것은 아니다. 식재료 이름이
등장하는 음식조리서나 의약서에도 나타나며, 개화기 이중어사전
에도 나타난다.

싱치나 돍기나 기룸진 고기룰 빠ᄒ라 두드리고 〈음식디
미방(1670),2b〉 / 雉肉 꿩의 고기 〈동의보감(1613),一:38a〉 / 雉肉
싱치 고기 〈의종손익(1868),附餘:43b〉 / 싱치 生雉 Faisan 〈한불
자전(1880)〉 싱치 生雉 A dead pheasant 〈한영자전(1897)〉 / 생
치(生雉) 죽은 꿩 〈조선어사전(1938)〉

한자 표기는 雉肉이나 生雉로 되어 있고, 식재료라는 것
을 분명히 하기 위해서 '고기'를 붙이거나 죽었다는 의미를 더했다.

동아시아 한자문화권에서 꿩을 가리키는 이름으로 여
전히 한자 雉와 관련된 것이 많다. 한국어에서는 꿩이라는 고유어
를 사용하지만, 중국어와 일본어, 베트남어에서는 동일하게 '雉'를
사용한다. 각 언어권별로 표기와 발음을 제시하면 아래와 같다.

〈한국어〉꿩   kkweong

〈중국어〉野鸡, 山鸡, 雉   yěj ī, shān j ī, zhì

〈일본어〉雉 キジ, 高麗雉 コウライキジ kiji, kouraikiji

〈베트남어〉雉   chim trĩ

일본에서는 꿩이 국조인데, 흔히 일본에서 '雉 キジ'라고 부르는 종류는 학명이 Phasianus versicolor이며, versicolor는 색깔이 다르다는 의미이다. 초록꿩(green pheasant)이라고도 하는 일본 재래종으로, 한국에서 꿩이라고 하는 것과 다른 종류라고 한다. 그래서 한국의 꿩과 같은 종류는 '高麗雉 コウライキジ'라고 부른다.

꿩은 중국에서는 빛, 덕, 행운, 번영을 상징하고, 일본에서는 보호, 모성애를 상징한다. 『시경(試經)』 국풍(國風) 패풍(邶風)편에 '雄雉'라는 시가 있다.

雄雉(웅치)

雄雉于飛, 泄泄其羽　장끼가 날아오르네, 천천히 날갯짓하며 가네.

我之懷矣, 自貽伊阻　그리운 임이여! 내 마음에 괴로움만 남았구나.

雄雉于飛, 下上其音　장끼가 날아오르네, 오르락내리

　　　　　락 날갯짓 소리 들리네.

　　　展矣君子, 實勞我心　진짜 내 임이여! 이 괴로움 어이할까?

　　　瞻彼日月, 悠悠我思　저 해와 달 바라보니, 끝없는 이 생각

　　　道之云遠, 曷云能來　길은 멀다 하는데, 어찌 빨리 오려나?

　　　百爾君子, 不知德行　세상의 군자들아! 어찌 덕행을 모
　　　　　　　　　　　　　르느냐?

　　　不忮不求, 何用不臧　해하고 탐내지 않는데, 이보다 어
　　　　　　　　　　　　　찌 더 선하란 말이냐?

　　이 시는 위(衛)나라 때 국사를 돌보지 않고 군대를 자
주 일으켜 오랫동안 부역을 하도록 만든 선공(宣公)을 풍자한 시라
고 한다. 여기서 꿩이 나는 것을 보고 화자가 괴로워하는 것은 그
것이 인간과 대비되는 속성을 띠기 때문이다.

　　한편, 꿩은 전통 복식에도 문양으로 사용되었는데, 이
렇게 문양으로 사용할 때는 한자 '翟'을 사용해서 꿩무늬라는 의
미로 '적문(翟紋)'이라고 하였다. 이때 꿩무늬는 친애(親愛)와 해로

(偕老)를 의미한다. 조선 왕실 왕비의 복식 중에 적문이 수놓여 있는 폐슬(蔽膝)과 적의(翟衣)가 있다.

영친왕비의 적의
국립고궁박물관 소장

영친왕비의 폐슬
국립고궁박물관 소장

화려한 꿩 무늬가 인상적인 적의는 조선시대 왕비나 왕세자빈의 대례복으로 입었다. 원래는 붉은색 비단으로 지었으나 1897년에 왕과 왕비가 각각 황제와 황후로 승격되면서 짙은 청색으로 바뀌었다. 친애 (親愛)와 해로(諧老)를 상징하는 꿩무늬를 직조하고, 앞뒤에는 금실로 수놓은 용무늬 보를 덧붙였다. 사진의 적의는 1922년 영친왕비가 순종을 알현할 때 착용했던 것으로 138쌍의 꿩 무늬가 들어가 있다.

11. 편복(蝙蝠)과 박쥐

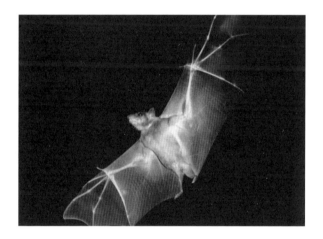

    2020년 코로나 19 바이러스와 관련될 가능성이 언급 되면서 전세계적으로 원망과 혐오의 대상이었던 박쥐는 인간과 는 숙명적으로 좋은 관계를 맺기 어려운 존재였을까?

    분명 하늘을 날 수 있는 존재이지만 박쥐는 다른 날짐 승과는 조금 다르다. 박쥐는 날 수는 있지만 새, 즉 조류(鳥類)가 아 니다. 박쥐라는 명칭에 쥐가 들어가 있고, 생김새가 닮은 구석도 있지만 설치류(齧齒類)도 아니다. 포유류(哺乳類) 박쥐목에 속하는 박쥐는 포유류이지만 날개가 있어서 날아다니기 때문에 조류처럼 보이기도 한다. 그래서 『본초강목』을 비롯한 전통시대 물명서에도 조류 항목 아래에 박쥐가 표제어로 수록되어 있다. 현대 생물학적 분류상으로는 분명히 포유류에 속하지만, 이 책에서는 전통시대 분류체계에서 새 이름으로 인식했다는 점에 주목하여 마지막 장에서 다루고자 한다.

　　　박쥐는 쥐와 비슷하게 생겼지만, 귀가 크고 앞다리가 날개처럼 변형되어 날아다닌다. 시각은 좋지 않으나 성대로부터 초음파를 내어 그 반사음을 귀에서 받아들여 거리와 방향을 안다. 주로 밤에 활동하는 야행성 동물로, 동굴이나 나무 속 또는 삼림 등지에 산다. 전 세계에 18과 1000여 종이 분포한다고 한다.

　　　국어사전에서는 우리말 박쥐와 같은 뜻을 가지는 한자어로 복익(伏翼), 비서(飛鼠), 선서(仙鼠), 천서(天鼠), 편복(蝙蝠)을 제시하고 있다.

　　　앞에서도 언급했듯이 본초강목에서 박쥐는 '伏翼'이라는 표제어로 原禽, 즉 들에 사는 날짐승에 속하는 것으로 분류

하였다.

복익은 편복(蝙蝠)이라고도 하고, '천서(天鼠)〈本經〉', '선서(仙鼠)〈唐本〉', '비서(飛鼠)〈宋本〉', '야연(夜燕)'이라고도 한다. 소공(蘇恭)은 복익(伏翼 박쥐)은 낮에 잠복해 있고 날개가 있다고 하였다. 이시진은 '복익은 《이아》에서는 복익(服翼)이라 하였고, 제(齊)나라 사람들은 선서(仙鼠)라 불렀고, 《선경(仙經)》에서는 육지(肉芝)라 하였다.'라고 하였다.

유희의 물명고에서는 유정류 중 라충(贏蟲) 중 하나로 박쥐를 분류하였다. 라충은 발톱을 지닌 짐승을 말하는데, '贏'라는 것은 털이 짧은 '虎, 豹, 狸, 狐, 豺, 狼, 狗, 象, 熊, 獮猴, 水獺, 兔, 鼠, 山鼠' 등과 같은 동물들을 말한다. 蝙蝠은 鼠와 山鼠 다음 순서에 나온다. 편복은 쥐와 비슷한데 우리말로 '붉쥐'라고 한다. 복익(伏翼), 복익(服翼), 야연(夜燕), 첨서(簷鼠), 직묵(蟙蟷), 비서(飛鼠)와 같은 말이다. 천서는 돌고드름이 있는 굴속에서 나오는데, 크고 흰색이니 선서(仙鼠), 육지(肉芝)와 같다. 夜明砂는 박쥐의 똥이니 '서법(鼠法)', '석간(石肝)', '흑사성(黑砂星)'과 같다. 문예안(蚊蚋眼)은 박쥐 똥을 물속에 넣어 흔들어서 모래처럼 생긴 알맹이를 얻는 것이다.

본초강목-사고전서본　　　　　　본초강목-대만본

삼재도회　　　　　　　　　　왜한삼재도회

　　국어사 자료에서 '박쥐'는 15세기 문헌에 '붉쥐'로 나타난다. '붉쥐'는 '밝다'의 옛말인 '붉다'의 어간 '붉-'과 명사 '쥐[鼠]'가 결합한 합성어이다. 근대국어 후기에 모음 'ㆍ(아래 아)'가 'ㅏ'로 변하고, 제1음절의 종성(끝소리) 'ㄺ'에서 실제로 발음되지 않는 'ㄹ'이 탈락하면서 19세기부터는 현대국어와 같은 형태인 '박쥐'가 등장하였다.

　　勃叱鼠〈鄕藥集成方(1433)〉, 蝙蝠糞 붉쥐 똥〈구급간이방(1489) 6:68a〉 / 붉쥐 똥을 눌 기르메 ᄀ라 ᄇᄅ라〈구급간이방(1489) 6:68a〉 / 蝙 붉쥐 편 蝠 붉쥐 복〈훈몽자회(1527) 상:12a〉 / 蝠 붉쥐 복〈신증유합(1576) 상:12b〉 / 伏翼 붉쥐 天鼠 셕죵유 나ᄂ 굴에 인ᄂ 붉쥐〈동의보감(1613) 1:37a〉 / 아비 오래 병드러 빅약기 효험 업더니 의원이 닐오디 붉쥐 가히 고티리라 ᄒ여ᄂᆞᆯ〈동국신속삼강행실도(1617) 효2:46b〉 / 蝙蝠 붉쥐 或云 벼복〈역어유해(1690) 하:27b〉 / 蝙蝠 붉쥐〈동문유해(1748) 하:35a〉 / 簷鼠 붉쥐〈역어유해보(1775) 47b〉 / 붉쥐 똥 夜明砂糞〈제중신편(1799) 8:17a〉

   15세기부터 18세기에 이르기까지 한글 표기는 '붉쥐'의 형태만 나타난다. 한편, '붉다'의 의미에 대해서는 두 가지 견해가 있다. '붉다'를 "밝다[明]"의 의미로 해석하여 "눈이 밝은 쥐"로 해석하는 경우가 통설이지만, 아이러니하게도 박쥐는 눈이 거의 퇴화되어 시력이 매우 약한 동물이라고 한다. 시력 대신 청력이 아주 뛰어나 음파를 이용해 지형지물을 탐색하는 것으로 알려져 있다. 그렇지만 어두운 곳에서 살면서 밤에 활동하는 야행성 동물인 박쥐를 보고, 옛날 사람들은 눈이 밝은 쥐로 오해해서 이런 이름이 붙었을 가능성이 높다. 박쥐를 약으로 먹으면 눈이 밝아지고 밤에도 눈에서 광채가 난다고 하는 것도 그런 오해 때문에 생긴 효능일 것이다.

   또 다른 해석은 '붉다'를 "붉다[赤]"의 의미로 해석하여 "붉은 쥐"로 보는 경우이다. 실제로 박쥐 종류 중에 붉은 박쥐(copper-winged bat)라는 것이 있는데, 흔히 황금박쥐라고도 하는 것이다.

   19세기부터는 '붉쥐, 박쥐, 박쥐' 등 다양한 표기가 나타난다.

붉쥐 蝙蝠 〈몽어유해(1810) 상:17a〉 / 박쥐 蝙蝠 仙鼠 박쥐

우산 蝙傘 〈국한회어(1895)〉 / 박쥐 蝙蝠 〈한불자전(1880)〉

우리말 박쥐에 대응하는 한자어는 편복(蝙蝠)이 우세
하게 사용되었다.

우리나라 옛 가구나 민화를 보면 박쥐 문양이 들어 있
는 경우가 적지 않다. 학이나 봉황 같은 고상한 동물들은 그렇다
해도 왜 하필 박쥐일까? 한자를 즐겨 쓰던 관습에서 비롯된 일이
다. '박쥐'는 한자로 '편복(蝙蝠)'으로 적는다. 이때 '복(蝠)'이 복을
뜻하는 '복(福)'과 발음이 같아서 빚어진 일이다. 예컨대 장수를 나
타내는 '수(壽)' 자나 '복(福)' 자를 중심으로 박쥐 다섯 마리를 그
려 넣으면, '오복'을 상징한다는 것이다. 이렇게 발음이 유사한 것
을 활용해서 복을 비는 것은 옛날 중국에도 유행하였다. 중국어의
'해음(諧音)'에서 비롯된 것인데, 중국인들은 비슷하거나 같은 발
음의 글자를 활용해서 평안과 행복을 기원하는 소망을 나타냈다.

박쥐무늬는 고대 중국에서부터 나타났다고 볼 수 있
으나 현재 남아있는 문헌의 기록과 자료로 보아서는 명대(明代)에

이르러 발생했다고 본다. 그 후 문양의 응용이 광범위해져서 명
(明)말에서 청(淸)초에 크게 성행한 중국인이 가장 애호하는 전통
문양이 되었다.

　　　　전 세계적으로 퍼져있는 동물우화에 나오는 박쥐에
대한 이야기나 우리나라의 구전 및 문헌으로 전해지는 이야기는
박쥐에 대한 부정적인 이미지를 만들었다. 아마도 박쥐가 어두운
곳을 좋아하고 밤에만 활동하는 특성 때문에 만들어진 이미지일
것이다. 홍만종(1643~1725)의 『순오지』 부록에 속담풀이가 있는데,
그중에 '편복지역(蝙蝠之役)'이라는 것이 나온다. "박쥐 구실. 역할"
이라는 말이다. 봉황의 잔치에 자신은 네 발 달린 짐승이라며 가
지 않고, 기린의 잔치에는 날개가 있다며 불참한다. 프로불참러인
박쥐가 결국 양쪽의 미움을 받아 동굴에만 숨어 밤에만 나오게 되
었다는 결말이다. 길짐승과 날짐승의 싸우는 사이 양쪽을 오가다
가 버림 받은 이솝우화속 박쥐이야기와도 비슷한 이야기이다. 이
솝우화에서 박쥐는 이중인격적이고, 의리를 지키지 않는 부정적
인 인물, 기회주의자를 표상한다.

　　　　부정적 이미지의 박쥐가 '행복'을 상징하는 동물로 여

겨져서 전통 복식이나 가구, 건축에 사용되는 것은 선뜻 이해가
되지 않는다.

　　　이렇게 박쥐의 이미지가 긍정적인 측면도 있는 것은
앞에서도 이야기했지만 박쥐의 여러 가지 명칭 중 가장 보편화된
명칭인 '편복(蝙蝠)'의 '복(蝠)'이 중국인들이 현세에서 절실히 희
구하는 '복(福)'과 음성적으로 같기
때문이다.

　　　또한 박쥐를 장수의 영
물로서 인식하여 선의적인 이미지
로 사용하였고 번식력이 강하기
때문에 자손을 많이 낳을 수 있기
를 기원하는 의미로 박쥐 무늬를
애용하였다.

　　　사실 '편복(蝙蝠)'은 모
든 종류의 박쥐를 다 일컫는 말이
다. 중국이나 우리나라에서 박쥐를
부를 때 날개를 펼쳐 그 날개로 매

수편복향낭노리개
단국대석주선기념박물관 소장

달린다고 해서 "부익(附翼)"이라 하였고 또 하늘 나라의 쥐라고 해서 "천서(天鼠)", 동화 속의 쥐라 해서 "선서(仙鼠)", 날아다니는 쥐라고 해서 "비서(飛鼠)", 밤제비 같다 하여 "야연(夜燕)"이라 하는 등 여러 가지 이름의 예를 볼 수 있다.

박쥐무늬는 우리나라에 17세기 중엽 이후 청(淸)으로

창덕궁 어수문 박쥐문

박쥐무늬 암막새
국립중앙박물관 소장

백자청화박쥐무늬대접
국립중앙박물관 소장

조끼 바탕천
국립고궁박물관 소장

부터 전래된 것으로 추정되며 조선말기(19세기~20세기초)에 전성기를 맞게 되어 조선시대의 직물이나 장신구, 가구와 건축의 금속제 장식물, 자기 등의 여러 기물에 복(福)자를 대신해서 다양한 형태로 사용되었다.

주로 장수와 복을 상징하던 것 이외에 장수(長壽), 부(富), 귀(貴), 강녕(康寧), 다남(多男)의 오복(五福)사상과 결합하여 현세의 기복적(祈福的) 길상(吉祥)의 상징적인 의미로 일상 생활용품에 박쥐를 표현하여 현실적인 염원을 담는 예가 많았다. 또한 덕을 많이 쌓은 사람의 행복을 방해하는 귀신을 쫓는 표상으로 부적에도 그려졌다.

박쥐를 쌍으로 대치시켜 쌍복(雙福)의 뜻으로 복이 겹으로 들어오라는 염원을 담고 있고, 복(福)과 수(壽)자를 가운데 두고 박쥐 네 마리가 둘러싼 모양은 오복(五福)을 뜻한다. 당초문양이나 만(卍)자문과 곁들인 문양은 만대에 이르도록 장수하며 복을 받으라는 축송의 뜻을 지닌 것으로 사용되었다. 이렇듯 박쥐와 여러 문양을 합성하여 백 여종의 문양을 만들어 사용하였다.

규합총서에서도 박쥐가 500살이 되면 검은색에서 흰

색으로 변한다고 하고, 선서(仙鼠)나 비서(飛鼠)라고 하여 특별한 동물로 여겼다. 다리로 거꾸로 매달려 있는 이유는 뇌가 무거워서이기 때문이라고 하면서 박쥐를 먹으면 신선이 된다고 전해지나 당나라 때 진자진이가 먹고 갑자기 쇠약해져 죽었다고 한다.

> 편복 일명 션셔 일명 비셔니 오빅 셰면 빗치 희고 다리
> 가 거포ᄒ여 뇌가 무거워 것구로 돌여 머리롤 드리오ᄂᆞ 고
> 로 편복이라 ᄒ니 먹으면 신션이 되다 ᄒ되 당젹 진ᄌᆞ진이
> 가 먹고 폭ᄉᆞ이ᄉᆞᄒ니라 -규합총서

중국 진나라 때 의학서 박포자에서는 편복을 그늘에서 말려 먹으면 4만 살까지 살 수 있고, 박쥐똥인 야명사(夜明砂)는 시력회복에 특효가 있다고 하였다. 털을 태우면 모기를 쫓고 박쥐 피로 만든 안약을 눈에 넣으면 잠이 오지 않는다고도 하였다.

박쥐는 그림에게 종종 등장한다. 김홍도가 1776년 그린 〈군선도(群仙圖)〉에서는 팔선(八仙) 중 한 명인 장과(張果) 주변에 박쥐 한 마리가 날고 있는데, 이는 조선 왕실의 무병장수와 함께

복에 대한 소망을 표현한 것이다. 유숙이 그린 '편복선인도'에도
박쥐를 등장시켜 복을 바라고 있다.

유숙의 편복선인도   김홍도의 군선도(群仙圖)
삼성미술관 리움 소장   삼성미술관 리움 소장

　　어두운 곳에서 잔뜩 움츠려 지내는 박쥐는 시의 소재
로 사용되기도 하였다. 일제 강점기 저항시인이었던 이육사의 시

중에 '蝙蝠'이라는 시가 있다. 이육사는 이 시에서 동굴에 매달려
사는 박쥐를 일제강점기 우리 민족에 빗대어 표현했다.

蝙蝠

光明을 背反한 아득한 洞窟에서

다 썩은 들보라 문허진 城砦 위 너 힐로 도라단이는

가엽슨 빡쥐여! 어둠에 王者여!

쥐는 너를 버리고 부자집 庫간으로 도망했고

大鵬도 北海로 날러간 지 임이 오래거늘

검은 世紀에 喪裝이 갈갈이 찌저질 긴 동안

비닭이 같은 사랑을 한번도 속삭여 보지도 못한

가엽슨 빡쥐여! 孤獨한 幽靈이여!

앵무와 함께 종알대여 보지도 못하고

딱짜구리처름 古木을 조아 울니도 못하거니

만호보다 노란 눈깔은 遺傳을 원망한들 무엇하랴

서러운 呪呪일사 못외일 苦悶의 잇빨을 갈며

種族과 횃를 일허도 갈곳조차 업는

가엽슨 빡쥐여! 永遠한 「보헤미안」의 넉시여!

제 정열情熱에 못익여 타서죽는 不死鳥는 안일망정

空山 잠긴달에 울어새는 杜鵑새 흘니는 피는

그래도 사람의 心琴을 흔들어 눈물을 짜내지 안는가?

날카로운 발톱이 암사슴의 연한 간肝을 노려도봣을

너의 머ㅡㄴ 祖先의 榮華롭든 한시절 歷史도

이제는 「아이누」의 家系와도 같이 서러워라!

가엽슨 빡쥐여! 滅亡하는 겨레여!

運命의 祭壇에 가늘게 타는 香불마자 꺼젓거든

그많은 새즘승에 빌붓칠 愛嬌라도 가젓단말가?

相琴鳥처럼 고흔 뺨을 채롱에 팔지도 못하는 너는

한토막 꿈조차 못꾸고 다시 洞窟로 도라가거니

가엽슨 빡쥐여! 검은 化石의 妖精이여!.

　　동아시아 한자문화권에서 박쥐를 가리키는 이름으로 중국어와 일본어가 '蝙蝠'이라는 동일한 한자어를 사용하고 있고, 한국어와 베트남어는 고유어를 사용하고 있다. 한국어에서는 박쥐라는 고유어를 사용하지만, 중국어와 일본어에서는 동일하게 '蝙蝠'를 사용한다. 각 언어권별로 표기와 발음을 제시하면 아래와 같다.

〈한국어〉박쥐　　　　　　　　bakjui

〈중국어〉蝙蝠　　　　　　　　biānfú

〈일본어〉蝙蝠 コウモリ　　　kōmori

〈베트남어〉　　　　　　　　　con dơi

　　박쥐를 라틴어로는 Vespertilio라고 하는데 저녁을 뜻하는 vesper에서 유래한 말로 낮과 밤이 교차하는 저녁에 활동하는 습성으로 표현하였다. 영어로는 Bat인데, batty라고 하면 "머리가 돈, 이상한"이라는 뜻을 가지고, 'go like a bat out of hell'은 "잽싸게 달아나다"는 의미가 있다.

Gustave Dore's의 Satan(1890)
출처: http://www.worldofdante.org

이탈리아 단테(Dante, Alighieri, 1265~1321)의 '신곡'(神曲, La Divina Commedia, 1321)에서 지옥편 가장 아래 제9지옥에 있는 사탄 루시퍼는 박쥐의 날개를 가지고 있다. 중세 그리스도교의 그림에서 보이는 사탄은 박쥐의 날개를 가지고 있다. 흔히 영화에 등장하는 박쥐도 흡혈박쥐이거나 동굴, 묘지 등 어둠의 상징인 경우가 많다.

박쥐가 등장하는 영화 중 배트맨(batman)에서는 배트

맨이 의로운 일을 하고 고담시와 인간을 지키는 것이 기존 어둠의
이미지를 약간 벗어난 것이다.

제 3 부

나에게로 와 새가 되었다

새 이름에 담긴 문화적 의미

　　새를 떠올리면 새가 두 날개를 활짝 펴고 유유히 하늘을 비행하는 모습이 펼쳐진다. 그 모습을 가만히 올려다보면 새의 날개로, 새의 시선으로, 아니 어쩌면 인간을 내려다보는 절대자의 시선으로 이 세계를 내려다보면서 여러 곳을 돌아다니고 싶다는 욕망이 절로 생긴다. 그러한 욕망으로 인간은 연을 만들고, 비행기를 만들었다. 또 하늘을 나는 자유를 누리고 위해, 또 인간의 시선이나 존재에서 벗어나 타자의 시선으로 세상을 내려다보기 위해 패러글라이딩을 하고, 스카이 다이빙도 한다.

　　그리스 신화에도 날개를 만들어 하늘을 날다가 추락하고 마는 인간 이카루스의 이야기가 나온다. 이카루스는 한 번 들어가면 나올 수 없는 미궁을 만든 다이달로스의 아들이었다. 미노스 왕은 괴물을 가두기 위해 다이달로스에게 미궁을 만들게 했다. 그런데 괴물의 먹이로 던져 준 아테네 왕자 테세우스가 괴물을 죽이고 탈출하자 화가 난 미노스 왕은 다이달로스와 그의 아들 이카루스를 미궁 속에 가두어 버렸다. 미궁에서 탈출할 수 있는 유일한 방법은 하늘 뿐이었고, 다이달로스는 밀랍으로 새의 깃털을 이어 붙여서 날개를 만들어 아들 이카루스에게 입혔다. 다이달로스는 이카루스에게 날개를 붙여주며 너무 높게 날면 태양 때문에 밀랍이 녹아내려 추락하고, 너무 낮게 날면 바닷물에 날개가 젖어 날지 못하니 너무 높게도, 낮게도 날지 말라고 단단히 주의를 주었다. 하지만 이카루스는 점점 더 높게 날아갔고, 태양빛에 날개가 녹아 끝내 추락하고 말았다. 이렇게 인간은 존재의 한계에서 오는 욕망과 동경심으로 한계를 뛰어넘고자 현실을 바꾸지만, 지나친 욕심으로 결국 모든 걸 잃게 된다. 인간이라는 존재는 높게 날고 싶지만 너무 높게 날면 안 되고, 낮게 날고 싶다고 낮게 날 수도 없는 한계를 가진 존재이다.

앙리 마티스는 추락하는 이카루스의 모습을 색종이로 표현했다. 이 작품의 제목이 이카루스라는 것을 알고 보면 처음엔 추락하는 나약한 인간의 모습이 보인다. 햇빛에 녹아 떨어져 내리는 깃털 조각은 산산이 부서져 내리는 인간의 꿈과 같이 느껴진다.

유독 무거워 보이는 두 다리와 더 이상 날개가 아닌 가녀린 팔은 무력해 보인다. 추락하면서도 가슴 속 인간의 심장은 여전히 열정적으로 보인다. 이 작품보다 인간이라는 존재를 잘 표현한 작품이 있을까?

앙리 마티스의 이카루스

　　　그러다가 어느 순간 떨어져 내리는 깃털 조각이 하늘에 빛나는 별처럼 보이고, 추락하는 인간의 모습이 아니라 새와는 조금 다른 모습으로 하늘을 날아오르고 있는 인간의 모습이 보이

기 시작한다. 그리고 여전히 뛰고 있는 붉은 심장의 생명력이, 그
리고 그 생명력으로 하늘을 향해 비상하고 있음이 느껴진다.

　　　　선명한 색과 절제된 표현이 어쩌면 세상의 진리와 인
간의 본성을 담고 있는 것 같아 마음을 관통 당한 것 같은 강렬함
을 느낄 수 있는 작품이다. 마티스의 의도를 정확히 알 수는 없지
만, 인간의 욕망과 본성과 한계를 표현하는 있다는 점, 그리고 인
간의 추락과 비상을 동시에 담고 있는 이중성 때문에 이 작품이
좋아졌던 것 같다.

　　　　이카루스에 대한 이야기가 좀 길어졌지만, 어쩌면 이
이야기와 그림이 서양 문명에서의 새에 대한 인식을 잘 반영하고
있는지도 모른다. 인간 동경과 자만의 결과, 그리고 인간 존재의
한계를 담은 신화, 또 그 신화 속 주인공을 그리면서 인간의 추락
과 비상을 동시에 표현하고 있는 그림. 서양 문명에서도 새가 인
간에게 선망과 동경의 대상이었던 것은 분명하지만 언젠가 인간
이 자신의 한계를 극복하고 새가 되어 자유롭게 날 수 있다고 인
식한 것은 아닐까 생각해본다. 이러한 인식은 동아시아에서 새를
인식하는 것과는 차이가 있다. 동아시아에서 새는 항상 인간이 관

심을 가지고 관찰하는 대상이었고, 자연의 변화를 가장 먼저 전해
주는 존재였다. 그렇기에 새는 자신의 감정을 표현하는 매개체이
자 자기 자신을 끊임없이 경계하고 성찰하게 하는 대상으로 인식
되었다.

결과적으로 보면, 새와 인간의 관계에 대한 인식은 보
편성과 개별성을 띤다. 새가 인간의 선망과 동경의 대상이었다는
사실은 동서양을 막론하고 보편적이다. 또 새를 하늘의 사자(使
者), 인간과 신을 연결해주는 존재로 여겨 새를 잘 관찰하여 신의
뜻을 알고자 했다는 점도 같다. 그러나 서양은 인간이 가진 한계
를 인식하고 극복하는 도전을 통해 새가 되고자 했지만, 동양에서
새는 인간과 함께 공존하는 자연의 일부였고, 그저 관찰과 성찰의
대상이었다는 차이가 있다.

별 의미 없는 생각일수도 있지만 보편성과 개별성, 과
연 어디에 더 비중을 둘 수 있을까? 어쩌면 개별성을 찾으려 할수
록 보편성에 더 가까워지는 듯도 하다. 동양이나 서양에서 전통
적으로 가지고 있던 인식이나 상징이 그대로 현대에까지 유지되
어 두 문화권의 차이가 발견되는 경우도 분명 있지만, 어느새 서

양의 인식이나 상징이라고 전혀 인식하지 못할 정도로 그것에 익
숙해져 있는 걸 발견할 때도 있기 때문이다. 또 어떤 경우는 보편
적인 것을 동양만의 것, 심지어 한국만의 것이라고 착각하기도 한
다. 어쩌면 이것이 문화의 속성인지도 모른다. 게다가 지금은 과
거와 달리 전세계가 매순간 연결되어 타문화와 구별이 힘들만큼
가깝게 공감할 수 있는 환경이지 않은가. 다른 문화를 받아들인다
는 개념이 아니라 함께 공유하고 새로운 문화를 만들어간다는 개
념이 더 강하다. 그래서 우리가 새에 대한 인식 차이나 문화권간
의 개별성을 다소 발견한다고 하더라도 그것은 결국 보편성으로
나아가는 과정으로 이해되어야 할지 모른다.

　　　　인간은 타자를 통해 나를 파악하는 것에 익숙하다. 새
역시 수없이 많은 타자 중 하나였다. 특히나 새는 인간이 쉽게 닿을
수 없는 공간인 하늘에서 인간을 내려다 볼 수 있는 타자였다. 인간
이 가진 한계도, 인간이 가진 본성도, 생명과 자연의 본질도, 새를
통해서 인식할 수 있었다. 그 인식의 흔적이 새 이름에 남아 있다.
　　　　그렇게 언제나 인간의 삶과 가까이에 있었던 새와 새

를 가리키는 이름에는 인간이 느끼는 희로애락(喜怒哀樂)과 소망과 동경이 투영되어 있다. 그래서 어떤 새는 신선이 되기도 하고, 어떤 새는 하늘로 보내는 사자(使者)가 되기도 한다. 또 어떤 새는 사랑을 표현하기도 하고, 어떤 새는 한(恨)을 표현하기도, 어떤 새는 오해와 불행을 만들기도 한다. 그리고 어떤 새는 행운을 주는 길조로 여기는 반면, 다른 새는 불길한 일이 일어날 것을 암시하는 흉조로 여긴다.

고유어 새 이름은 그 어원을 정확히 밝히기 어려운 것이 많고, 어원을 추정할 수 있는 것은 의성어에서 유래한 것들이 주를 이루기 때문에 대체로 직관적이라고 할 수 있다. 그래서 어원을 통한 우리만의 인식의 흔적을 발견하기에 한계가 있다. 그에 반해 한자어 새 이름은 여러 가지 명칭들이 존재하고, 한자의 표의성을 기반으로 명명된 이름이 많기 때문에 (추정의 신뢰도와는 별개의 문제이기는 하지만) 상대적으로 추정이 가능한 경우가 많다. 또 중국과 일본 등 동아시아 한자문화권과 공유하는 인식을 반영하고 있는 경우가 많아서 동아시아 문화 혹은 동아시아 문명이라고 부를 수 있는 면모를 살펴볼 수 있다.

　　한자로 명명된 새 이름은 한자가 가진 표의성과 해당 한자의 의미를 음미하는 특성으로 인해 어원이나 문화를 연구하는 입장에서 볼 때 긍정적인 측면과 부정적인 측면을 동시에 지니고 있다. 긍정적인 측면은 동아시아 한자문화권에서 해당 한자어 이름에 해당하는 새에 대해 대체로 유사한 이미지를 가지고 공유하게 된 점이다. 부정적인 측면은 원래의 어원과는 다소 거리가 있는 방향으로 해석하게 되는 경우가 발생한다는 점이다. 처음 사용한 한자가 시간이 지나면서, 또는 다른 나라로 전해지면서 사람들은 원래의 어원과는 다른 상상력을 발휘하여 그 이름을 인식하게 된다. 물론 이것이 부정적인 측면만 있다고는 생각하지 않는다. 변화를 거듭하는 언어의 다양성과 과거와는 다른, 또는 중국과는 다른 당시 사람들의 해석 및 인식을 반영하기 때문이다. 그러나 어원에 대한 다양한 변인으로 인해 원래의 어원과 멀어져서 그 한자어의 어원을 추적하기 혼란스럽고 판단하기 어려운 상황이 발생하는 것은 매우 아쉬운 일이다.

　　이름을 붙이기 위해서는 먼저 대상을 관찰하여 인간의 감각과 인지로 대상의 특성을 포착해내는 것이 중요하다. 그런 다음에는 기존 어휘장에서 유사한 것을 찾는 프로세스가 이루어질 것이다. 하나가 선택되면 거기에 새로운 의미가 부여된다. 이런 일련의 과정이 사회적 약속도 거치고, 시대적 변화를 거듭하면서 역사성을 가지게 된다. 그렇다면 결국, 이름 연구를 통해 알고 싶은 건 무엇일까? 명명의 과정을 이해하고, 그 기저에 깔린 인식을 살펴보는 것이다. 또 이름의 과거, 현재, 미래를 통해 단편적으로나마 이름의 일생을 파악할 수 있을 것이다. 그러나 유한한 인간에게 허락된 시간은 역사라는 큰 흐름 속에서 극히 일부분이다. 그저 내가 볼 수 있는 한, 내가 알아낼 수 있는 한 어휘의 단편을 담담히 기록하는 것이 필요하다.

말이 생겨나고 그 말을 기록할 문자가 생겨나고, 그 문자로 글을 써서 문화를 이어가고 문명을 이루는 인간, 이런 일련의 역사를 함께 해온 것은 이름이다. 인간이 창조한 문화의 모든 시작에 이름이 있다.

참고문헌

[자료]

李時珍『本草綱目』
柳喜『物名考』
李晩榮『才物譜』
『廣才物譜』
『三才圖會』
『倭漢三才圖會』
『三國遺事』
『三國史記』
『高麗史』
『朝鮮王朝實錄』

[논저]

김무림, 『한국어 어원사전』, 지식과교양, 2015.
김민수 편/최호철·김무림 편찬, 『우리말 語源辭典』, 태학사, 1997.
김상환·박영선 엮음, 『사물의 분류와 지식의 탄생-동서 사유의 교차와 수

렴』, 고등과학원 초학제연구총서 1, 이학사, 2014.

김상환·박영선 엮음, 『분류와 합류-새로운 지식과 방법의 모색』, 고등과학원 초학제연구총서 2, 이학사, 2014.

김일권, 「19세기 초 『물명고』의 분류명 성격과 분류체계 연구」, 한국학중앙연구원 '유희의 물명고 연구와 색인 편찬 연구' 연구결과발표회 발표문, 2020.

김학주 옮김/순자 지음, 『순자 荀子』, 을유문화사, 2001(초판)/2008(2판)/2017.

김형태 옮김/유희 지음, 『물명고(상)(하)』, 연세 근대 동아시아 번역총서 10, 소명출판, 2019.

김홍식 엮음/정종우 해설, 『조선동물기』, 서해문집, 2014.

심재기 편/조항범, 「동물 명칭의 어휘사」, 『國語 語彙의 基盤과 歷史』, 태학사, 1998.

우용태, 『최신 한국 조류 명집』, 경성대학교출판부, 2012.

우용태, 『물총새는 왜 모래밭에 그림을 그릴까』, 추수밭, 2013.

유동청, 『한·중 동물명 비교연구』, 경희대학교 박사학위논문, 2010.

이병근, 『어휘사』, 태학사, 2004.

이주희, 『내 이름은 왜』, 자연과 생태, 2011/2012.

모던朝鮮外來語辭典(1936)

정민, 『새 문화사전』, 글항아리, 2014.

정양완 역주/憑虛閣 李氏 原著, 『閨閤叢書』, 보진재, 1975(초판)/2008(개정판).

조정아, 『언간 자료에 나타나는 생활 물명의 어휘사적 연구』, 한국학중앙연구원 한국학대학원 박사학위논문, 2016.

조항범, 우리말 어원 이야기, 예담, 2016.

최경봉, 『어휘의미론-의미의 존재 양식과 실현 양상에 대한 탐구』, 고려대
　　　학교 민족문화연구원 사전과 언어학 총서 05, 한국문화사, 2015.

최지원, 『유학자의 동물원』, 알렙, 2015.

하영삼, 『한자어원사전』, 도서출판 3, 2014(초판)/2018(개정판).

한림과학원 편, 『한국근대신어사전-現代新語釋義·新語事典』, 한림대학교
　　　한림과학원 개념소통자료총서, 2010.

허경진·김형태 옮김/정학유 지음, 『시명다식』, 한길사, 2007.

홍승직 옮김/쑨지 지음, 『중국 물질문화사』, 알마출판사, 2017.

황문환·박부자·이명은·이은주·조정아, 『정미가례시일기 복식 어휘』, 한국
　　　학중앙연구원출판부, 2018.

[웹사이트]

국가생물종지식정보시스템　http://www.nature.go.kr

國學大師　http://www.guoxuedashi.com

두산백과　www.doopedia.co.kr

문화원형백과(네이버 지식백과)
https://terms.naver.com/list.nhn?cid=49190&categoryId=49190

옥스퍼드 영어어원사전　https://www.etymonline.com

우리말샘　https://opendict.korean.go.kr

웹으로 보는 조선총독부 사전　http://corpus.pusan.ac.kr/csdic/default.aspx

일본국립국회도서관 근대디지털라이브러리(国立国会図書館デジタルコレクション)
www.dl.ndl.go.jp
표준국어대사전 https://stdict.korean.go.kr
한국고전종합DB http://db.itkc.or.kr
한국민족문화대백과사전
한국사데이터베이스 http://db.history.go.kr
한국일생의례사전(네이버 지식백과)
https://terms.naver.com/list.nhn?cid=58728&categoryId=58728
한국의 멸종위기 야생동물(네이버 지식백과)
https://terms.naver.com/entry.nhn?docId=3582213&cid=42555&categor
      yId=58720
한의학고전데이터베이스 https://www.mediclassics.kr
漢典 https://www.zdic.net

저자 **조정아**

경북대학교 문과대학 국어국문학과 졸업.
동대학원 문학석사.
한국학중앙연구원 한국학대학원 문학박사.
현 경성대학교 HK연구교수.
저서 『조선시대 한글편지 판독자료집』(2014), 『조선시대 한글편지 어휘사전』(2016),
『정미가례시일기 복식어휘』(2018) 외 다수.

경성대학교 한국한자연구소 학술총서 1

새 이름의 문화사

초판 1쇄 인쇄 2021년 1월 20일
초판 1쇄 발행 2021년 1월 29일

지은이	조정아
펴낸이	이대현
편집	이태곤 권분옥 문선희 임애정 강윤경
디자인	안혜진 최선주
마케팅	박태훈 안현진

펴낸곳	도서출판 역락
주소	서울시 서초구 동광로 46길 6-6 문창빌딩 2층
전화	02-3409-2060(편집), 2058(마케팅)
팩스	02-3409-2059
등록	1999년 4월 19일 제303-2002-000014호
전자우편	youkrack@hanmail.net
홈페이지	www.youkrackbooks.com

ISBN   979-11-6244-682-9 94700
        979-11-6244-680-5 94080(세트)